KB261086

상속 · 증여

상속증여

최신 사례로 꼼꼼히 설명한

공인회계사
홍 원 표

INVENTION

머리말

　공인회계사로서 첫 해를 맞이하던 때가 아직도 선명하다. 그 해는 수험생 시절보다도 더 가혹했다. 평생 그렇게 힘들었던 해가 있었나 싶었는데 어느 덧 8년이라는 시간이 지났다. 공인회계사로서 도전할 수 있는 분야는 다양하지만 나는 조세법 분야에 유난히 관심이 많았다. 그런 집착 때문에 대학원에서 법학을 보다 깊이 있게 공부했다. 또한 그곳에서 만난 은인들이 있기에 지금의 내가 있다고 믿는다.

　실무가로서 책을 쓴다는 것은 내 지식의 미천을 드러내는 것일 수도 있기 때문에 조심스럽다. 그래서 이 책을 집필하면서 고민이 많았다. 그리고 미처 생각하지 못한 법률문제가 있을까 두렵기도 했다. 하지만 법무법인(유한) 바른의 조용민 변호사님 덕택에 오랜 망설임과 두려움을 떨쳐내고 이 책을 낼 수 있었다. 각종 세금신고, 세무조사, 조세불복 등 이 책을 쓰는 동안에도 바쁜 날이 연속이었다. 그럴 때마다 끝을 볼 수 있도록 용기를 북돋아준 부모님. 바쁜 내게 뭐라고 할 법하지만 오히려 격려해준 아내 한시내. 그리고 보는 것만으로도 삶의 의욕을 충전시켜준 두 딸 홍성연, 홍성율에게 사랑한다고 말하고 싶다.

이 책은 내가 직접 경험한 사례들을 바탕으로 구성했다. 그중 사례 일부는 합법적인 절세 방안이라기 보다는 조세회피에 가까운 방안도 포함되어 있다. 그럼에도 불구하고 이런 조세회피에 가까운 사례를 소개한 이유는 조세회피를 조장하기 위함이 아니라 오히려 근절하기 위해서다. 이런 사례가 있다는 사실을 알아야 문제가 개선될 수 있다. 납세자 입장에서는 당연히 세금을 조금 내고 싶어한다. 그리고 이것은 잘못된 것이 아니다. 경제적으로 합리적인 의사결정이기 때문이다. 하지만 공평과세라는 조세정의구현 측면에서는 그렇지 않을 수도 있다.

조세회피와 공평과세 사이의 문제는 납세자에게 전가할 문제가 아니다. 이것은 국가가 나서서 해결해야 한다. 그리고 그 과정에서 현행 상속세 및 증여세법은 납세자가 법 테두리 안에서 상속이나 증여를 할 수 있도록 개선되어야 한다.

끝으로 바쁜 업무 중에도 꼼꼼히 원고를 검토해준 동료이자 후배인 유진회계법인의 김지수 세무사, 항상 자기 일처럼 나의 일을 도와주는 든든한 친구 IBK 기업은행 컨설팅센터의 서재영 회계사, 그리고 존경하는 선배 우인회계법인의 이주현 회계사에게 감사의 마음을 전한다. 이분들이 없었다면 이 책을 완성할 수 없었다.

2017. 3. 1

어떻게 재산을 물려줄 것인지는 평생을 살아가며 고민해야 하는 숙제이지만, 구체적으로 어떤 방안으로 실행할 것인지 결정하는 것은 쉽지 않다. 상속은 피상속인이 평생에 단 한 번만 하는 것이고, 증여 또한 자주 접할 수 있는 것이 아니기 때문이다. 상속이나 증여를 고민하는 자산가를 만나보면 공통적으로 하는 이야기가 있다. 많은 전문가를 만나봐도 저마다 조언이 다르고, 결정적으로 전문가라고 하는 사람들이 진짜 전문가가 맞는지 의구심이 든다는 것이다.

상속과 증여는 정답이 없다. 그렇기 때문에 어렵다. 상속과 증여에 대해 올바른 조언을 하기 위해서는 민법과 같은 주변법률에 대한 지식, 세법에 대한 지식과 더불어 상속과 증여를 직접 실행한 많은 경험이 뒷받침 되어야만 한다. 모든 상속과 증여는 민법상의 상속법에 기초하고 있기 때문에 민법을 이해하지 못한 상속과 증여에 대한 세법 지식은 반쪽에 불과하다. 또한 다른 주변법률에 대한 지식과 더불어 실제 상속과 증여를 실행한 경험이 있어야만 미처 예상하지 못한 부분에서 발생할 수 있는 문제를 예방할 수 있다.

이 책에서는 파격적인 상속이나 증여솔루션에 대해 제안하지 않는다. 오히려 기존에 검증된 안전한 솔루션을 상황에 맞게 정리하여 제시하고자 한다. 따라서 내가 경험한 사례는 비슷한 상황에 처한 사람에게 큰 도움이 될 것이다.

명심하라. 다른 사람들이 당신이 지금 생각하는 '이상한 방법'을 선택하지 않는데에는 다 그럴 만한 이유가 있다. 많은 사람들이 선택하는 방법이 가장 안전하고, 가장 효과적인 방법이다.

• 이 책의 특징

1. 인터넷에 나오는 흔한 내용은 없다.

2. 일반인이 굳이 알 필요없는 이론을 넣지 않았다.

3. 최신 사례를 들어 쉽고 꼼꼼하게 설명했다.

4. 상속 증여 컨설팅 전문가의 실무 노하우를 그대로 실었다.

5. 중간 중간에 재밌는 에피소드와 핵심 Q&A를 실었다.

6. 책을 구매하시는 분께 상담할인쿠폰(40%)을 제공(상담시 책을 가져오시면 됩니다).

상속 vs 증여 vs 양도 무엇이 유리할까?

자녀에게 재산을 물려주려고 한다면 어떤 방법을 통하는 것이 가장 유리할까? 상속세를 걱정할 정도의 재산이 있다고 한다면 누구나 한번쯤은 고민해 볼만한 주제다. 이 내용을 정확히 이해하기 위해서는 상속, 증여 그리고 양도의 개념부터 명확하게 알고 있어야 한다.

'상속'은 피상속인*의 사망을 원인으로 하여 피상속인의 모든 권리와 의무가 상속인**에게 승계되는 것을 말한다. 그리고 '증여'는 상속과 달리 피상속인이 사망하기 전에 재산적 가치가 있는 것을 타인에게 무상으로 이전하는 것을 말한다. 끝으로 '양도'

---

* 상속의 목적이 되는 재산의 원래의 주체. 예를 들어 부모가 사망하여 부모의 재산이 자녀에게 상속되는 경우 부모는 피상속인에 해당한다.

** 피상속인의 사망 등으로 상속재산을 물려받는 사람. 예를 들어 부모가 사망하여 부모의 재산이 자녀에게 상속되는 경우 자녀는 상속인에 해당한다.

는 자산을 유상으로 타인에게 사실상 이전하는 것을 말한다.

그럼 어떤 방법이 가장 유리할까? 사실 이 질문에 대한 정답은 상황에 따라 다를 수 있다. 하지만 일반적인 상황에서 자산 가치가 크게 변동되지 않는다는 전제 하에서는 상속, 증여, 양도 순서로 가장 세금을 적게 부담한다. 왜냐하면 바로 세금을 계산할 때 적용하는 공제액의 차이 및 각 방법의 특성 때문이다. 아래의 사례를 통해 쉽게 이해할 수 있다.

사 례

　인천에 소재한 약 15억 정도의 부동산을 소유하고 있는 C 씨(65세)는 어떤 방법으로 부동산을 자녀에게 물려줄지 고민이 많았다. 그의 상속재산은 부동산을 비롯해 자신이 운영하고 있는 회사의 주식과 그 회사로부터 받을 퇴직금 정도였다.

　나를 만나기 전까지 C 씨는 어차피 본인이 직접 회사를 운영을 해야 하는 상황이므로 당장 자녀에게 회사주식을 물려줄 생각은 없었고, 부동산만 미리 자녀에게 물려주길 원했다.

　이럴 경우 어떻게 하는 것이 가장 좋을까? 우선 각 방안에 따른 세금을 계산해보고 비교해보면 된다.

상속 vs 증여 vs 양도 발생세액 비교

항목	상속하는 경우	증여하는 경우	양도하는 경우	항목
재산가액	1,500,000,000원	1,500,000,000원	1,500,000,000원	양도가액
공제액	1,000,000,000원	50,000,000원	1,000,000,000원	취득가액
과세표준	500,000,000원	1,450,000,000원	500,000,000원	과세표준
세율	20%	40%	38%	세율
산출세액	90,000,000원	420,000,000원	170,600,000원	산출세액
세액공제	6,300,000원	29,400,000원	17,060,000원	지방소득세
납부세액	83,700,000원	390,600,000원	187,660,000원	납부세액

　약 15억의 부동산을 상속, 증여 또는 양도할 경우 발생하는 세금은 각각 약 8,400만원, 3억9,000만원 그리고 1억8,800만원이다. 이렇게 보면 상속, 양도, 증여의 순서로 세금을 적게 부담하기 때문에 상속이 가장 유리하고 증여가 양도보다 불리한 것처럼 보일 수 있지만 이는 큰 오산이다. 왜냐하면 양도는 무상으로 재산을 이전하는 상속이나 증여와 달리 유상으로 거래한 것이기 때문이다. 즉 자녀로부터 받은 양도대가 15억을 언젠가 자녀에게 다시 상속이나 증여를 통해 주어야 하기 때문에 상속세 또는 증여세가 재차 발생한다. 어차피 발생할 상속세나 증여세 말고도 양도소득세를 괜히 한 번 더 납부하게 된다.

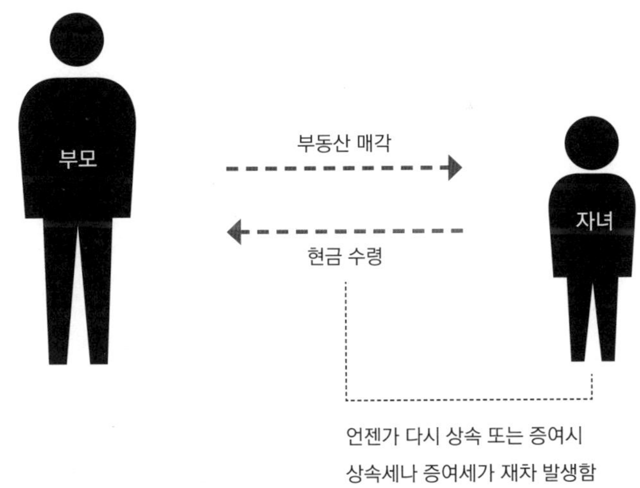

상속 vs 증여 vs 양도 절세순위

항목	상속	증여	양도
세금	상속세	증여세	양도세 + 상속세 또는 증여세
절세순위	1순위	2순위	3순위

물론 특수한 상황에서는 양도가 더 유리할 수 있다. 이와 같은 상황은 말 그대로 아주 특이한 경우다. 양도를 고려해볼 수 있는 상황은 5장에서 살펴보도록 하겠다.

그렇다면 상속과 증여는 왜 차이가 발생하는 것일까? 바로 세금을 계산할 때 차감해주는 공제액 차이 때문이다. 이를 자세히 살펴보면 다음과 같다.

상속공제항목 요약

항목		공제금액	공제한도
기초공제	기초공제	2억	–
	가업상속공제	가업상속재산 x 100%	200억 ~ 500억
	영농상속공제	영농상속재산	15억
배우자상속공제	5억 미만	5억	5억
	5억 이상	(상속재산–상속인이 아닌 자가 유증 등을 받은 재산 + 사전증여재산) x 법정상속지분 – 사전증여재산에 대한 증여세과세표준	30억
인적공제	자녀	5천만원	–
	미성년자	1천만원 x 19세가 될 때까지의 연수	
	65세이상	5천만원	
	장애인	1천만원 x 기대여명의 연수	
일괄공제		5억 (기초공제 및 인적공제의 합계액이 5억에 미달할 경우 일괄공제 적용이 가능)	5억
금융재산 상속공제	2천만원 이하	그 순금융재산의 가액	2억
	2천만원 초과	MAX(그 순금융재산의 가액의 20%, 2천만원)	
재해손실공제		재해손실가액 – 보험금 등 보전액	–
동거주택상속공제		동거주택의 가액 x 80%	5억

증여공제항목 요약

항목	공제금액	공제한도
배우자로부터 증여 받은 경우	6억	-
직계존속으로부터 증여 받은 경우	5천만원	미성년자인 경우 2천만원
직계비속으로부터 증여 받은 경우	5천만원	-
6촌 이내 혈족 또는 4촌 이내 인척으로부터 증여 받은 경우	1천만원	-

이처럼 상속은 증여보다 각종 공제항목 및 한도가 훨씬 크다. 따라서 일정한 재산이 넘어가면 필연적으로 상속세가 증여세보다 적을 수밖에 없다.

참고로 양도소득세 계산구조를 살펴보면 다음과 같다. 하지만 앞서 설명한 것과 마찬가지로 양도는 상속과 증여와 달리 무상이 아니라 유상으로 재산을 처분한 것이기 때문에 직접적인 비교는 의미가 없다. 양도소득세는 재산처분금액의 이익에 대해 내는 세금이기 때문이다. 따라서 양도하면서 수취한 양도대금은 언젠가 상속 또는 증여를 통해 자녀에게 다시 이전되어야 한다. 양도는 재산을 자녀에게 넘기기 위한 수단으로서 상속과 증여와 비교 될 뿐, 근본적으로 대가를 받고 자녀에게 넘기는 것이기 때문에 상속이나 증여와 구분된다.

양도소득세 계산구조

항목	비고
총수입금액 (−) 필요경비	양도가액 취득가액 + 기타의 필요경비
(=) 양도차익 (−) 장기보유특별공제	자산별로 계산 양도차익 x (10% ~ 30%, 24% ~ 80%)
(=) 양도소득금액 (−) 양도소득기본공제	2개의 그룹으로 구분하여 각각 연 250만원
(=) 양도소득과세표준 (x) 세율	세율 구분별로 계산
(=) 양도소득산출세액	

머리 아픈가? 괜찮다. 위의 내용을 모두 알 필요없다. 어차피 나와 같은 전문가가 계산 해줄 것이다. 하지만 뭐든 그렇듯이 알아서 나쁠 것은 없다.

그렇다면 양도가 가장 불리하다는 것을 차치해두고, 상속이 증여보다 무조건 유리한 방법일까? 안타깝게도 그렇지 않다. 특정한 시점을 기준으로 놓고 본다면 상속이 증여보다 무조건 유리한 것은 사실이다. 하지만 상속은 현재시점을 기준으로 한참 뒤에 발생하는 것이고 증여는 지금 당장 일어나는 일이다. 즉 지금 10억인 재산이 10년 뒤에 100억이 된다면 10년 뒤에 100억에 대한 상속세를 낼 것이냐 아니면 지금 10억에 대한 증여세를 낼 것이냐의 문제로 귀착된다.

결론적으로 지금 갖고 있는 정보로만 의사결정 할 것이 아니라 미래에 발생할 수 있는 예측가능한 정보도 함께 수집해 판단하는 것이 가장 합리적인 의사결정이다. 따라서 C 씨가 약 15억의 부동산을 자녀에게 증여하면 상속 하는 것보다 세금을 더 많이 내는 것 같지만, 5년 뒤 부동산의 시가가 30억으로 뛴다고 가정하면 그때 발생하는 상속세는 거의 6억에 달하기 때문에 당장 증여하는 것이 현명한 선택이다.

자, 여러분이라면 상속을 하겠는가? 아니면 증여를 하겠는가? 이러한 선택의 갈림길에서 사람들은 어떤 판단을 내렸을까? 그것을 낱낱이 파헤쳐보자. 이제부터 시작이다.

아 이 고 마 님 ! 죄 송 합 니 다 .

상속이나 증여와 관련된 서적이나 각종 자료들을 보면, 가장 어려운 것은 내용이 아니라 용어일 것이다. 나도 처음 이 일을 시작했을 때 그런 어려움을 겪었다. 피상속인, 상속인, 유증, 유류분… 용어가 이해가 되지 않아 내용 파악이 어려웠다. 이는 전문가들 조차도 처음에는 다소 생소한 용어들이다.

얼마 전 신입세무사들을 채용했다. 그들은 실무경험이 거의 없지만 세무지식을 충분히 갖춘 전문가들이다. 보통 나는 직원들과 함께 식사를 하면서 업무과 관련한 이야기를 자주 한다. 자유로운 분위기에서 대화를 나누다 보면 복잡했던 문제가 정리 되거나, 새로운 문제를 발견할 수도 있기 때문에 아주 좋은 기회다.

얼마 전 직원들과의 식사 자리에서 죽을 때까지 잊지 못할 만큼 재밌는 일이 생겼다. 그것은 유류분과 관련된 이야기였다. 내가 이렇게 이야기를 꺼냈다. "망인이 남긴 재산에 대해서 1년 이내에 유류분을…" 직원들은 그저 듣고만 있다가 내 말이 끝나고 신입세무사가 물었다.

"회계사님. 그런데 왜 그 마님의 재산에 유류분을…"

나는 처음에 제대로 이해하지 못했다. 그래서 신입세무사에게 물었다. "그게 무슨 말이지?" 그랬더니 신입세무사가 다음과 같이 대답했다. "아니, 아까 마님의 재산에 대해서 유류분을… 하셨잖아요."

"응? 뭐라고? 마님?"

신입세무사는 "망인"을 "마님"으로 들은 것이다. 정말이지 모두 한참을 웃었다. 재밌는 에피소드지만, 이처럼 상속이나 증여에서 사용하는 용어는 평소에 자주 쓰지 않기 때문에 잘못 들을 가능성이 높다. 하지만 크게 걱정할 필요없다. 이 책에서는 최대한 쉽게 설명할 것이고 어려운 용어는 바로바로 이해할 수 있도록 정리 할 것이다. 자, 그럼 다음 장으로 넘어가보자!

02

상속 대신 증여하라

가장 세금을 아낄 수 있는 성공적인 상속은 어떻게 해야 할까? 결론부터 말하자면 어차피 상속세가 발생할 것이라면 상속보다는 차라리 증여가 낫다. 하지만 증여를 '잘' 해야만 세금을 줄일 수 있다. 그러기 위해서는 무엇보다 증여의 의미를 바로 알아야 한다. 가장 완벽한 증여는 단순히 자녀에게 재산을 무상으로 주는 것이 아니라, 자녀에게 '재산을 증식할 수 있는 씨앗'을 주는 것임을 이해해야 한다.

상속을 고려하고 있는 고객은 증여를 했을 때의 실익 여부를 가장 먼저 따진다. 증여가 실익이 있기 위해서는 몇 가지 조건을 갖춰야 한다. 첫째, 향후 상속이 이루어지는 시점에 상속세가 발생할 것이 분명하고, 둘째, 보유한 재산 중 향후에 가치가 상승할 것으로 예상되거나, 셋째, 보유한 재산 중 꾸준한 수익을 줄 수 있는 재산이 있는지 등이 바로 그 조건이다. 무슨 말인지 쉽게 이해되지 않는다면 다음 사례를 살펴보자.

사 례

　최근에 진행한 컨설팅 중 가장 전형적인 증여컨설팅을 소개하겠다. 서울에 소재하고 있는 중소기업의 대표이사 K 씨(69세)는 몇 년 전부터 자녀에게 어떻게 하면 세금을 적게 내면서 재산을 물려줄지 고민하고 있었다. 그가 가진 대부분의 재산은 자신이 운영하고 있는 회사의 주식과 부동산이었는데, 부동산은 서울 강남에 있는 고급 아파트, 수도권에 있는 주유소와 지방에 있는 나대지였다.

　K 대표는 부동산이 대부분을 차지하고 있는 재산상태 때문에 고민이 컸다. 그는 이런 상황에서 상속이 이루어진다면 상속세를 납부할 현금이 없는 자녀들 때문에 부동산을 헐값에 매각, 결국 손실을 피할 길이 없다고 판단했다. 뿐만 아니라 부동산이 팔리지 않아 세금을 체납한다면 결국 국세청에 의해 압류되어 더 큰 손실을 볼 수도 있다고 생각했다. 그래서 차라리 자기 세대에서 부동산을 매각하여 자녀들이 상속세를 낼 수 있을 만큼의 현금을 보유하는 것이 더 나을 것이라는 생각도 했지만 이내 이마저도 접었다. 왜냐하면 부동산을 처분하는 경우 발생하는 양도소득세가 부동산 매각금액의 절반에 가까웠기 때문이다.

　그렇다면 도대체 이런 상황에서는 어떻게 하는 것이 좋을까?

Solution

나는 K 대표에게 물었다.

"강남에 있는 아파트는 앞으로 시세가 어떻게 될 것 같나요?"
"수도권에 있는 주유소에서 1년에 얼마나 돈을 버세요?"

K 대표가 대답했다.

"강남에 있는 아파트는 아무리 부동산 경기가 어려워진다고 해도 오르면 올랐지 떨어질 가능성은 낮지 않겠는가 그리고 수도권에 있는 주유소는 편차가 조금 있긴 하지만 1년에 2억 정도는 수익이 나…."

K 대표의 대답을 들은 나는 잠시 생각했다. 그리고 이렇게 조언했다.

"대표님, 지금 증여세가 조금 나오긴 하겠지만 수도권에 있는 주유소를 자녀에게 증여하십시오."

K 대표는 세금을 적게 내는 방법을 찾기 위해 나를 찾았는데,

오히려 적극적으로 세금을 내라고 조언하자 다소 어리둥절해 했다. 하지만 나는 이것이 가장 세금을 절약할 수 있는 방법임을 확신했다. 물론 당장은 증여세를 조금 내야한다. 하지만 지금 증여세를 내면 나중에 상속세를 크게 줄일 수 있다. 왜 그럴까? 이 질문에 대답은 바로 증여를 어떻게 생각하는지에 달려있다.

일반적으로 증여라고 하면 어떤 재산을 자녀에게 물려주는 단순한 것으로 인식한다. 하지만 세금을 절약할 수 있다는 관점에서 증여는 단순히 물려주는 것이 아니다. 증여의 핵심은 "자녀가 재산을 형성할 수 있는 기틀" 마련이다. 즉 지금 당장 얼마의 재산을 주는 것보다 그 재산을 바탕으로 자녀가 추가적인 수익을 얻어 재산을 증식해 나갈 수 있는 '씨앗'을 주어야 한다.

나도 주변에서 "누구는 전혀 세금을 내지 않고 증여했다"라는 얘기를 많이 듣는다. 하지만 세금을 전혀 내지 않고 일정한 재산을 증여할 수 있는 방법은 세상에 없다. 그렇다면 도대체 어떻게 세금을 내지 않고 증여를 했다는 것일까?

물론 지금 당장 세금을 전혀 내지 않을 수 있는 방법은 있다. 증여를 하고 신고하지 않거나 아주 적은 금액으로 신고하면 된다. 이런 경우 가끔은 세무조사가 이루어지지 않고 그냥 넘어가기도 한다. 조사관들도 바쁘기 때문에 금액의 중요성에 따라 미처 세무조사를 못할 수 있다. 단지 운 좋게 적발되지 않았을 뿐이다.

하지만 계속 운이 좋을 수 있을까? 그렇지 않다. 언젠가 반드시 추징당한다. 독자들도 한 번쯤은 들어봤을 '자금출처조사' 때문이

증여의 핵심은 "자녀가 재산을 형성할 수 있는 기틀" 마련이다. 즉 지금 당장 얼마의 재산을 주는 것보다 그 재산을 바탕으로 자녀가 추가적인 수익을 얻어 재산을 증식해 나갈 수 있는 '씨앗'을 주어야 한다.

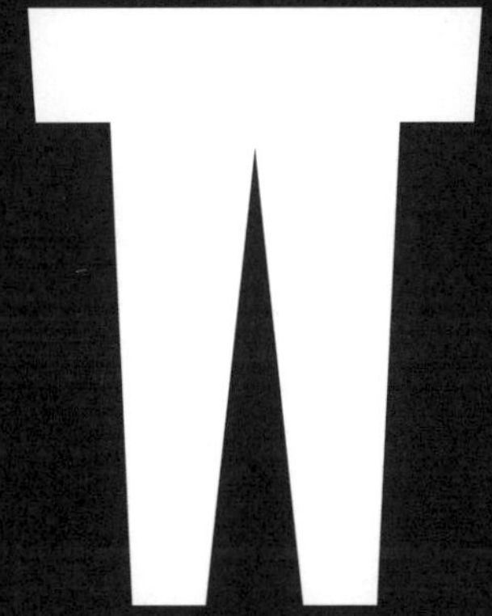

다. 언젠가 자녀가 일정 수준 이상의 재산을 갖게 되면 국세청은 해당 재산의 취득자금에 대한 출처조사를 한다. 자녀가 그 재산을 취득할 만한 소득이나 재원이 있었는지 확인하는 것이다. 만약 자금출처를 제대로 입증하지 못하면 입증하지 못한 부분을 증여로 보아 가산세까지 포함하여 훨씬 큰 세금을 추징당한다. 이렇듯 언젠가는 다 내게 되어 있다.

그렇기 때문에 증여를 할 때는 아예 세금을 내지 않겠다고 생각하지 말아야 한다. 더 적게 낼 수 있는 방법을 고민해야 한다. 나도 지금 당장 증여세를 1억 내라고 하면 엄청나게 아까울 것이다. 하지만 나중에 10억 내는 것과 비교해보라.

항목	1억 증여	5억 증여	10억 증여
증여재산가액	100,000,000원	500,000,000원	1,000,000,000원
증여재산공제	50,000,000원	50,000,000원	50,000,000원
과세표준	50,000,000원	450,000,000원	950,000,000원
세율	10%	20%	30%
산출세액	5,000,000원	80,000,000원	225,000,000원
세액공제	350,000원	5,600,000원	15,750,000원
납부세액	4,650,000원	74,400,000원	209,250,000원

※ 이처럼 증여세는 누진세율의 적용으로 인해 증여재산가액이 증가함에 따라 급격히 증가하므로, 증여를 하는 시점에 거액의 재산을 증여할 것이 아니라 향후에 재산가치가 상승할 수 있는 재산을 저렴하게 증여하는 것이 핵심이다.

증여를 할 때는 아예 세금을 내지 않겠다고 생각하지 말아야 한다.

더 적게 낼 수 있는 방법을 고민해야 한다.

나도 지금 당장 증여세를 1억 내라고 하면 엄청나게 아까울 것이다.

하지만 나중에 10억 내는 것과 비교해보라.

 K 대표의 자녀가 증여 받은 주유소의 시가는 약 10억 정도였다. 따라서 약 2억의 증여세를 납부해야 했다. 물론 자녀는 세금을 낼 돈이 없었기 때문에 주유소를 담보로 대출을 받아 세금을 납부했다. 하지만 과연 증여세 2억이 아깝다고 할 수 있는가? 자녀가 이 주유소를 통해 매년 2억 정도의 소득을 얻게 되었음에도 불구하고 말이다.

이뿐만 아니다. 자녀가 얻은 2억의 소득에는 당연히 종합소득세가 따라 나온다. 그러나 오히려 종합소득세를 내기 때문에 합법적으로 재산을 불려나갈 수 있다. 즉 1년 정도면 대출금도 모두 갚고 그후에 벌어들이는 소득은 모두 자녀의 몫이 되는 것이다. 사실 이때 K 대표의 자녀는 2억이 아닌 5억을 대출 받았다. 애초에 K 대표가 보유한 회사주식 일부를 취득할 생각이었기 때문이다. 어차피 나중에 상속받는다면 일부는 취득하는 것도 괜찮다고 보았고, 지금 주식을 인수한다면 앞으로 계속 배당금을 받을 수 있기 때문이다.

K 대표는 주유소를 자녀에게 증여하기로 결정하면서 증여세 2억이 발생했지만, 자녀는 합법적으로 매년 안정적인 사업소득 및 배당소득을 얻을 수 있게 되었다. 게다가 어차피 상속할 주식도 미리 자녀의 명의로 할 수 있게 되어 이후 주식가치가 올라간다면 상속세도 줄이게 된 셈이고, 주식을 처분하면서 현금도 확보하게 되는 것이다. 물론 이 현금은 나중에 자녀에게 고스란히 상속되어 원래 목적대로 상속세를 낼 재원으로 사용될 것이다.

어떻게 증여를 하느냐에 따라 결과는 너무나 크게 달라진다. K 대표의 현명한 증여로 인해 자녀는 매년 안정적인 수익을 얻을 수 있다. 또 그 수익은 매년 국세청에 소득신고 되기 때문에 자녀는 이를 통해 향후 합법적으로 재산을 불려 나갈 수 있는 기틀을 마련했다. 자, 어떤가. 오히려 증여세를 내야겠다는 생각이 들지 않는가? K 대표의 자녀는 선택할 수 있다. 어느 정도의 시간이 흘러 재산이 조금 더 모이면 아버지의 재산 중 가치상승이 기대되는 재산 일부를 매입하여 향후 발생할 상속세를 줄여도 되고, 아니면 그대로 상속받아도 된다. 그때는 충분히 상속세를 낼 수 있을 만큼의 재산이 모였기 때문이다.

Key Point

※ 증여세를 내지 않으면 언젠가 자녀는 자금출처조사를 통해 가산세를 포함한 증여세를 내야 한다. 따라서 증여세를 내고 자녀가 합법적으로 재산을 형성할 수 있는 기틀을 마련하라.

※ 증여는 자녀가 재산을 형성할 수 있는 '씨앗'이므로, 가장 수익성이 좋은 재산이나 향후 재산가치가 상승할 것이 기대되는 재산을 증여하라.

Q A

Q _ 자녀에게 부동산을 시가보다 저렴하게 매매하는 경우

A _ 보통 사람들은 자신이 갖고 있는 부동산 등의 자산을 자녀에게 저렴하게 주면 이득이라고 생각한다. 맞다. 저렴하게 매매한다면 자녀는 분명 이득이다. 하지만 과연 세법상 문제가 없을까?

세법은 그렇게 호락호락하지 않다. 이 방법은 무조건 문제가 된다. 그렇다면 왜 문제가 되는 것일까? 그것은 이 방법을 생각한 이유에서 찾을 수 있다.

왜 자녀에게 저렴하게 주었는가? 자녀에게 시가 5억짜리 아파트를 1억에 매매했다고 가정해보자. 그럼 애초에 부모의 5억짜리 아파트를 자녀가 1억에 취득, 결국 자녀가 4억을 버는 셈이이라는 계산 아니겠는가?

우리나라 세법에서는 이와 같이 부모 자식 간에서 이루어지는 거래를 "특수관계자 사이에서의 거래"라고 칭하고 특수관계자 사이에서 불공정한 가액으로 거래한 경우 공정한 가액[*]으로 거래했었을 때

---

[*] 불특정 다수 사이에서 자유롭게 거래가 이루어지는 경우에 통상적으로 성립된다고 인정되는 가액. '시가'와 같은 의미다.

와의 차이에 대해 과세하도록 규정하고 있다. 즉 위와 같은 경우라면 실제로 1억에 거래했지만 마치 5억에 거래한 것으로 보아 그에 따르는 세금을 매긴다.

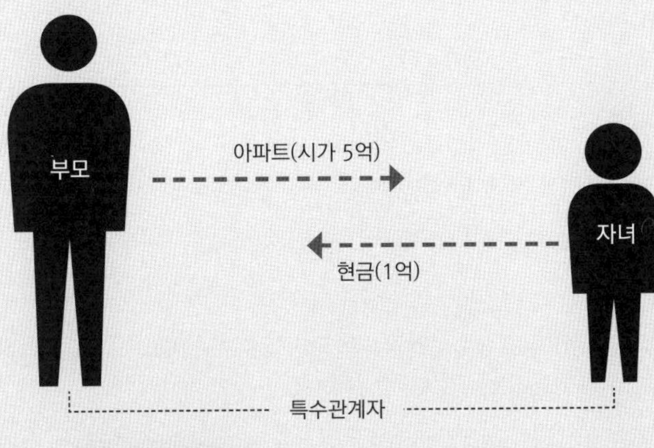

증여세 과세문제

증여재산 : 0원

세법과 간주되는 증여재산 : 4억(5억-1억)

　다만, 무조건 실제거래가액과 공정한 가액과의 차이를 증여로 판단하여 과세하지는 않는다. 일반적인 경우라면 문제되지 않으며 증여이익도 무조건 공정한 가액에서 실제 거래가액과의 차액으로 보지 않는다.

구분	기준	증여이익
특수관계에 있는 경우 증여이익 판단 및 계산방법	(시가－대가)/시가 ≥ 30% 또는 (시가－대가) ≥ 3억	(시가－대가)－ Min(시가 x 30%, 3억)
예시를 적용하는 경우	(5억-1억)/5억원 ≥ 30% 또는 (5억-1억) ≥ 3억	(5억-1억)－Min(5억 x 30%, 3억)＝2억 5천만원

    따라서 자녀에게 부동산을 저렴하게 매각한 경우에는 자녀에게 일정한 증여이익이 건내진 것으로 보아 증여세가 부과된다.

    하지만 문제는 여기에서 그치지 않는다. 그것은 바로 부동산을 매각한 부모의 입장에서 발생할 수 있는 양도소득세다. 부모가 자녀에게 부동산을 시세보다 낮게 매각해버리는 바람에 양도소득세가 발생하지 않았기 때문이다.

    증여세를 산출할 때와 마찬가지로 양도소득세를 계산할 때도 특수관계자 사이에서 거래가 발생한 경우라면 공정한 가액을 바탕으로 거래가 이루어진 것으로 보아 양도소득세가 산출된다. 즉 1억에 매각한 것이 아니라 5억에 매각한 것으로 보아 양도소득세가 부과된다.

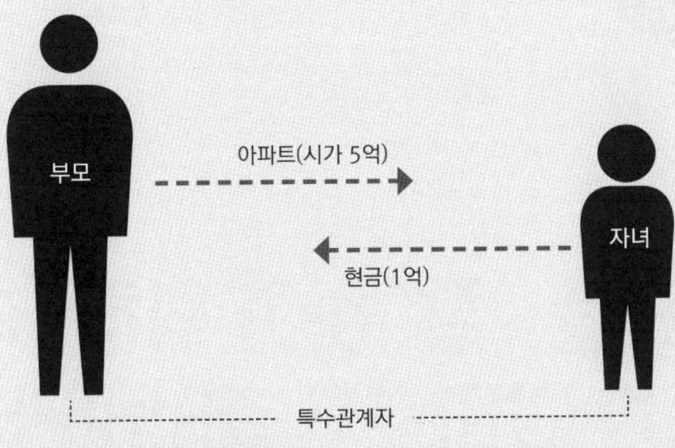

양도소득세 과세문제

실제 거래가액 : 1억

세법상 간주되는 증여재산 : 5억

따라서 위와 같은 경우에는 양도차익이 '1억 – 취득가액 등'이 아니라 '5억 – 취득가액 등'으로 산출된다.

보통 사람들이 생각하기에 '이렇게 하면 세금을 줄일 수 있지 않을까?' 하는 방법은 거의, 아니 전부 세법상 문제가 되는 방법이기 때문에 이미 그런 방법에 대한 과세 근거를 법률로 제정하여 예방하고 있다. 따라서 혼자서 결정하기 전에 반드시 전문가의 조언을 구해야 한다.

03

증여를 '잘' 하기 위해서는 '잘' 알아보고 증여하라

세금을 줄이기 위한 증여를 '잘'하기 위해서는 무엇보다 그 방법을 '잘'이해하는 것이 매우 중요하다. 내가 선택하려는 방법이 위험하지는 않은지, 구체적으로 어떻게 진행되고, 왜 문제가 되지 않는지, 정확히 알아야 한다. 그리고 전문가의 말을 맹목적으로 믿어서는 안된다. 솔직히 나도 매번 사용하는 방법이 아니고서야 새로운 솔루션을 통해 문제를 해결할 때는 업무가 완전히 끝나기 전까지 긴장의 끈을 절대 놓지 않는다.

그렇다면 '잘' 알아보고 증여하는 것이 왜 중요한지 살펴보겠다. 이번 사례는 사실 제대로 알고 진행하면 전혀 위험하지 않지만, 모르고 진행하면 굉장히 위험한 솔루션이다.

사 례

나를 찾아온 H 씨(60세)는 중소기업 대표였다. 그는 재산이 많았는데, 그중에서도 자신이 운영하는 회사의 가치가 가장 컸다. H 대표의 회사는 마진율이 좋아 이익이 상당했기 때문에 주식평가를 해보면 주식가치도 어마어마했다. 그래서 H 대표는 어떻게 하면 세금을 최대한 절약하면서 자녀에게 회사를 승계 시킬 수 있을지 고민이 많았다.

H 대표는 회사의 주식가치가 워낙 커서 도저히 상속세를 피할 길이 없다고 생각했다. 자녀가 상속세를 내려면 회사를 정리하는 방법 외에는 달리 뾰족한 수가 없다고 판단한 것이다. H 대표는 소위 말하는 '모자 바꿔쓰기'를 하기로 결심했다.

'모자 바꿔쓰기'란 자녀가 100% 출자한 회사를 하나 만들어 그 회사로 예전의 사업을 그대로 운영하는 것을 말한다. 즉 H 대표의 회사는 점점 정리해 나가고, 자녀의 회사를 키우는 것이다.

사실 '모자 바꿔쓰기'는 회사 규모가 작으면 작을수록 너무나 당연하게 사용하는 증여솔루션 중 하나다. 그런데 이 방법이 잘못되었다는 사실을 아는 사람이 거의 없다. 왜냐하면 회사 규모가 작으면 작을수록 국세청으로부터 적발될 가능성이 현저히 낮아 그동안 문제가 되었던 사례가 거의 없기 때문이다. 따라서 현행 법률상 문제가 없는 방법으로 인식되었다.

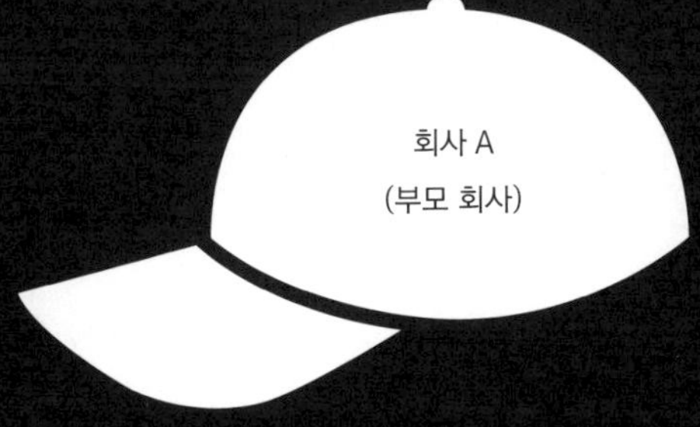

완전히 동일한 회사지만

회사의 소유자만 다름

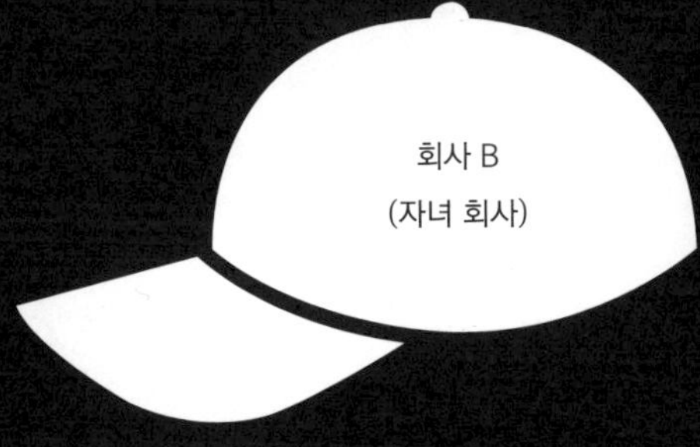

'모자 바꿔쓰기'란 자녀가 100% 출자한 회사를 하나 만들어

그 회사로 예전의 사업을 그대로 운영하는 것을 말한다.

즉 H 대표의 회사는 점점 정리해 나가고, 자녀의 회사를 키우는 것이다.

그렇다면 도대체 뭐가 문제일까? 언뜻 생각해보면 H 대표는 내가 앞서 설명한 것과 마찬가지로 증여의 '씨앗'을 자녀에게 준 것처럼 보일 수 있다. 자녀에게 새로운 회사를 설립할 현금을 증여한 뒤 회사를 키워서 자녀에게 큰 이익을 안겨줬으니 말이다. 하지만 한 가지 중요한 사실을 간과했다. 그것은 바로 자녀에게 증여의 '씨앗'만 준 것이 아니라, 대신 키워줬다는 사실이다.

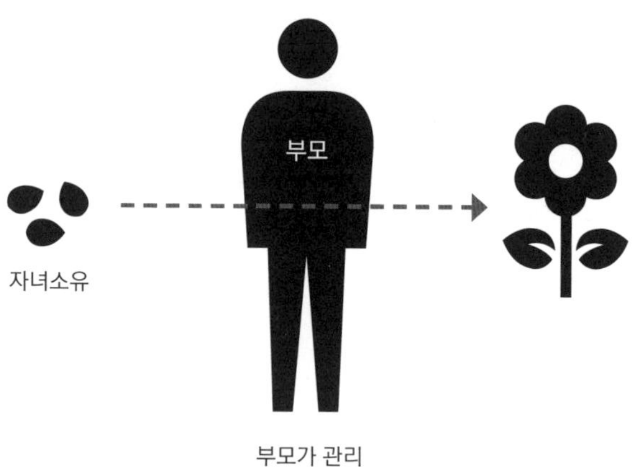

그렇다면 회사를 대신 키워주면 안되는 이유가 무엇일까? 이 질문에 대한 대답은 거꾸로 생각해보면 알 수 있다. H 대표가 자녀의 회사를 자신의 회사처럼 직접 경영한다면 결과적으로 자신의 회사를 준 것과 같은 것이 아닐까? 회사 경영에 있어 가장 중요한 것이 바로 영업, 거래처라고 할 수도 있을 텐데 자신의 회사에서 공급하던 것을 자녀의 회사에서 공급하도록 바꾼다면 이것이야말로 이름만 바꾼 것과 무엇이 다르겠는가.

우리나라 세법에는 직업, 연령, 소득 및 재산상태로 보아 스스로 사업 등의 행위를 할 수 없다고 판단되는 사람이 증여나 양수[*]를 통해 재산을 취득하고, 그 취득한 날부터 5년 이내에 개발사업의 시행 등으로 인해 이익을 얻은 경우에는 그 이익에 상당하는 금액을 증여로 보아 세금을 내도록 규정하고 있다. 즉 H 대표의 자녀가 직업, 연령, 소득 및 재산상태가 해당 사업을 스스로 할 수 없다고 판단된다면 새로운 법인을 통해 얻은 이익에 대해 증여세를 내야 한다.

결국 내가 말한 증여란 본인이 직접 '씨앗'을 가꾸어 꽃을 피워야 하는 과정이다. 그렇지 않으면 '씨앗'이 아닌 '꽃' 자체를 증여한 것으로 본다.

'모자 바꿔쓰기'는 너무나 당연하게, 문제가 없다고 받아들여지는 아주 흔한 편법적인 증여솔루션 중 하나지만, 이처럼 세법상 문제가 있다는 사실을 아는 사람은 거의 본 적이 없다. 다시 말하지만 세무조사를 통해 과세가 된 경우가 거의 없기 때문이다. 또 규모가 작을수록 이 문제가 적발될 가능성이 현저히 낮아지기 때문이다. 하지만 그 방법이 '법률상 문제가 없다는 것'과 '문제가 있지만 국세청으로부터 적발될 가능성이 낮다는 것'은 완전히 다르다. 국세청의 국세행정정보시스템은 나날이 발전하고 있기 때문에 과

---

[*] 타인의 권리, 재산 및 법률상의 지위 따위를 넘겨받는 일을 말한다. '취득'과 같은 의미다.

'모자 바꿔쓰기'는 너무나 당연하게, 문제가 없다고 받아들여지는 아주 흔한 편법적인 증여솔루션 중 하나지만, 이처럼 세법상 문제가 있다는 사실을 아는 사람은 거의 본 적이 없다. 다시 말하지만 세무조사를 통해 과세가 된 경우가 거의 없기 때문이다. 또 규모가 작을수록 이 문제가 적발될 가능성이 현저히 낮아지기 때문이다.

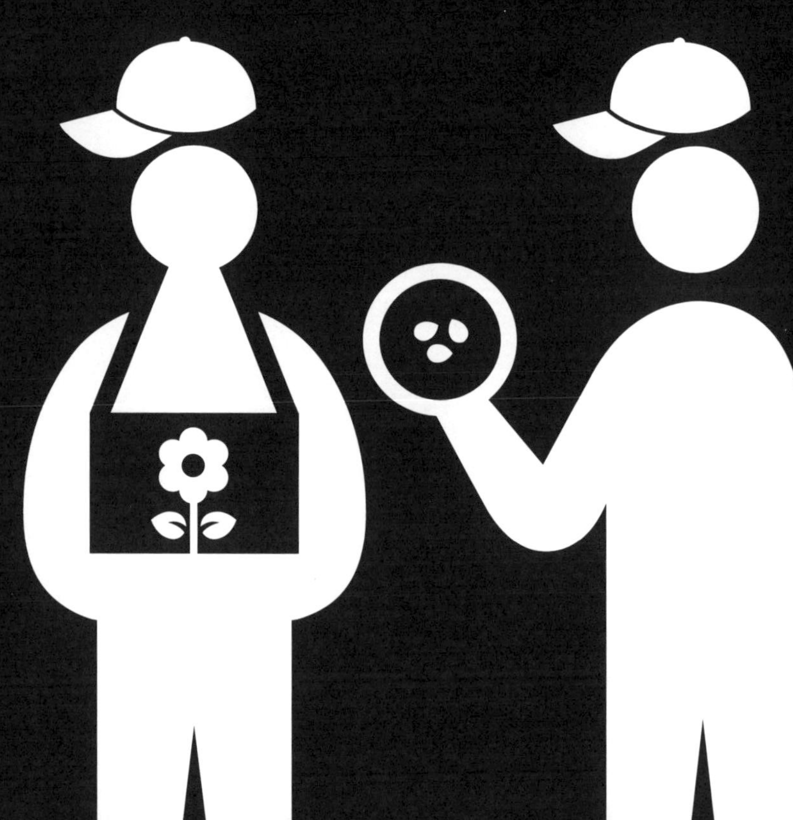

거에는 국세청에서 인지하지도 못했던 사안들이 지금은 문제가 되어 과세되는 경우를 자주 목격할 수 있다. 더욱이 상속이나 증여에 대해서는 현행 세법에서 이른 바 '포괄주의*'의 개념을 도입하여 과세영역을 확대하고 있는 바, '모자 바꿔쓰기'와 같은 행위는 머지않아 국세청이 그냥 넘어가지 않을 것이다.

Solution

서두에 언급한 것처럼 '잘' 알아야 위험을 없앨 수 있다. 이 사례도 그렇다. 아이러니하게도 이 세법 규정은 치명적인 허점이 있다. 그리고 논리적으로 비판을 받을 만한 요소도 분명히 있다. 또 이 규정은 공평하지 않기 때문에 예상치 못한 선의의 피해자가 발생할 수도 있다.

예를 들어, 부모가 자녀에게 주식을 증여할 때는 당연히 새로운 사업을 시행하여 주식가치가 상승할 것으로 기대할 것이다. 하지만 예상과 달리 손해를 보는 경우도 분명 있다. 이런 경우 세법에서는 이익을 얻었을 때 증여세를 매기는 것과 반대로 손해를 봤다

---

* 포괄주의: 열거주의의 반대, 법률에서 특별히 제한 또는 금지하는 규정을 제외하고는 모두 과세가 가능하다. 반대로 열거주의는 법률에서 규정한 사항에 대해서만 과세가 가능하다. 즉 포괄주의는 원칙적으로 모든 증여에 대해 과세하되 특별히 예외적으로 제외한 사항에 대해서만 과세하지 않는 것이고, 열거주의는 원칙적으로 모든 증여에 대해 과세를 하지 않되 규정한 증여에 대해서만 과세한다는 것이다.
우리나라 상속세 및 증여세법은 과거에는 열거주의 입장을 취하다가 최근에 포괄주의 입장으로 바뀌었다.

고 세금을 돌려주지 않는다. 또 직접 사업을 운영하지 않고 수동적인 투자를 바탕으로 이익을 얻었다고 증여세를 과세한다면 상장회사의 주식에 투자하여 차익을 본 투자자에게는 왜 증여세를 과세하지 않는 것일까? 과연 그 투자자가 회사에 어떤 기여를 했을까?

물론 상장회사의 주식에 투자한다는 것은 일정한 불확실성 하에서 자유로운 투자의사결정에 따른 이익이기 때문에 증여세보다는 양도소득세로 세금을 부과하는 것이 이치에 맞는다고 할 것이다. 그렇다면 과연 H 대표 자녀의 경우는 과연 자유로운 투자의사결정에 의한 것으로 볼 수 없는 것인가? H 대표의 자녀도 막상 회사를 설립하고 나서 의외의 변수에 의해 손해를 볼 가능성이 있지 않은가? 그렇다면 이것도 불확실한 상황에서의 투자의사결정으로 볼 수 있지 않을까?

어쨌거나 법은 법이기 때문에 H 대표가 생각한 방법은 증여세가 매겨진다. 하지만 이 법에는 아주 치명적인 단점이 있다. 즉 그것을 알면 증여세를 피할 수 있다. 이 법의 허점이 바로 적용될 수 있는 요건은 다음과 같다. ① 직업, 연령, 소득 및 재산상태로 보아 스스로 사업 등의 행위를 할 수 없다고 인정되는 사람이 ② 증여나 양수를 통해 재산을 취득하고 ③ 그 재산을 취득한 날부터 5년 이내에 개발사업의 시행 등으로 인하여 이익을 얻은 경우에만 증여세가 과세된다. 스스로 사업을 하거나 개발사업과 같은 특별한 사업이 아닌 일반적인 사업을 운영하면서 자연스럽게 회사의 가치가 높아진 경우에는 문제되지 않는다. 물론 개발사업과 같은 특별한 사업이 도대체 무엇을 말하는 것인지 분명치 않기 때문에 여전히 논란의 여지는 남는다. 다시 말해 H 대표처럼 보통의 제조업을 하는 경우에도 개발사업과 같은 특별한 사업으로 보아 이 법이 적용되어 증여세가 과세될 수 있는지 논란이 있을 수 있다.

하지만 '법률상 합법적인 부의 대물림이라 하더라도 경제적 실질에 따라 재산이 무상으로 이전 되었다면, 이를 증여세 과세 대상에 포함하는 것이 세법의 허점을 이용한 변칙적인 증여행위를 방지하는 것이고 이것이 바로 세법의 대원칙인 공평한 과세를 실현하는 것'이라는 이 법의 입법취지를 감안한다면, 이 문제를 보수적으로 보아 문제가 된다고 검토하는 것이 합리적인 판단이다. 어쨌거나, 분명한 것은 스스로 사업을 직접 한다면 모든 문제가 사라진다. H 대표의 자녀가 직접 사업을 하면 현행 규정으로는 증여세를 매길 수 없다.

그런데 잘 생각해보면 너무 웃기지 않은가? 도대체 어디까지가 스스로 사업을 직접 한 것으로 볼 수 있을까? 예를 들어 H 대표의 자녀가 새로운 회사의 대표이사로서 직접 사업을 운영한다고 가정해보자. 영업도 본인이 직접 하고, 직원도 직접 채용하고, 관리도 직접 한다. 하지만 어떻게 영업 할지 H 대표가 조언해주고, 거래처를 소개도 해주고, 어떤 직원을 채용할지, 어떻게 회사를 운영하고 관리할지 조언해준다. 물론 직접 운영에 관여하지는 않는다. 다만 조언만 해줄 뿐이다. 그럼 아무 문제없다.

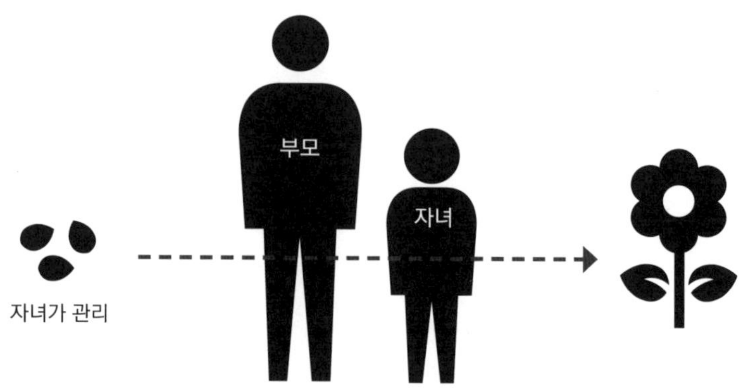

부모는 자녀가 꽃을 잘 피울 수 있도록 옆에서 조언

H 대표와 비슷한 사례는 이미 수 차례 국세청이 지적 해왔다. 이런 유형을 두고 '타인기여에 의한 증여*'라 한다. 하지만 대부분 국세청으로부터 문제가 제기된 경우는 ①인 · 허가를 요하는 사업을 영위하는 회사가 인 · 허가를 받기 직전에 자녀에게 주식을 증여하거나 ②부동산개발업을 영위하는 회사가 부동산이 개발되기 직전에 자녀에게 주식을 증여하거나 ③공개시장에 상장을 앞둔 회사가 상장되기 직전에 자녀에게 주식을 증여한 경우가 대부분이다. 즉 문제는 있지만 적발되는 경우가 거의 없다는 것이다.

이 사안을 내가 즐겨 쓰는 표현으로 바꾸어 요약하면, "예쁜 꽃을 피울 수 있는 씨앗을 자녀에게 주는 것은 괜찮지만 그 꽃을 대신 키워줘서는 안되는 것"이다. 다만 자녀의 꽃이 예쁘게 필 수 있

---

* 다른 사람의 노력으로 인해 증가되는 재산적 이익을 말한다. 예를 들어, 부모의 노력으로 인해 자녀의 재산이 증가한 경우 타인기여에 의한 증여에 해당할 수 있다.

도록 옆에서 조언을 해주는 것은 괜찮다.

그런데 도대체 어디까지가 조언이고 어디까지가 대신 키워주는 것이란 말인가? 이 질문에 대한 대답은 독자의 판단에 맡긴다.

주 ! 의　　일명 '모자 바꿔쓰기'는 세법상에서는 문제가 되지 않지만 다른 법률에 따른 문제는 발생할 수 있어 주의가 필요하다. 예를 들어 배임에 대한 이슈도 있지만 상법상 회사의 기회 및 자산의 유용 금지 내지 이사 등과 회사 간의 거래 등에 대한 문제가 있을 수 있다. 따라서 이와 관련한 법률 검토를 반드시 변호사와 상의하여 사전에 살펴보는 것이 중요하다.

Key Point

※자신이 직접 경영하는 회사의 주식을 자녀에게 증여한 뒤 큰 차익이 발생하는 경우, 자녀는 양도소득세가 아닌 증여세를 낼 수도 있다.

※자녀에게 증여하는 '재산증식의 씨앗'을 자녀가 직접 키우도록 하지않고, 대신 키워주면 증여세를 낼 수도 있다. 다만 조언은 괜찮다.

※일명 '모자 바꿔쓰기'는 세법상 문제는 없지만 다른 주변 법률에 따른 문제가 발생할 수 있기 때문에 반드시 사전에 변호사의 자문을 구해야 한다.

전문가가 필요한 일은 전문가의 조언을 들어라

나는 피부과를 틈틈이 다닌다. 물론 피부에 큰 문제는 없다. 단지 사람들을 많이 만나는 직업이다 보니 조금 신경 쓰는 것이다. 처음 피부과에 갔을 때가 기억난다. 그때 만난 의사는 다음과 같이 물었다.

"제가 어떻게 해드리면 될까요?"
"혹시 어떤 치료 또는 관리를 받고 싶으신가요?"

나는 피부치료에 대한 지식이 전혀 없었기 때문에 어떤 치료나 관리를 받아야 할지 몰랐다.

"제가 피부에 대해 아는 바가 없습니다. 그냥 선생님이 보시고 알려주시면 그대로 하겠습니다."

그제서야 의사는 피부를 꼼꼼히 살펴보기 시작했고 어떤 치료와 관리가 좋을지 알려주었다. 그때 의사의 말이 기억난다. 피부과를 찾는 고객은 대부분 여성인데 병원에 오기 전에 어떤 치료나 관리를 받을지 마음에 두고 있다는 것이었다. 그들은 전적으로 피부전문가에게 판단을 맡기지 않았다.
나는 약간 놀랐다. 왜냐하면 최소한 세금문제에 있어서 만큼은 전문가 의견에 따라 의사결정을 하는 내 고객들과 반대였기 때문이다.
보통 피부과에 가면 직업을 물어본다. 당연히 의사도 나의 직업을 알았다.

“저도 전문직에 종사하지만 전문가의 판단을 믿고 맡기는 것이 가장 좋은 선택이라고 생각합니다. 선생님이 전문가시니 그 의견에 따르겠습니다.”

의사는 내 피부를 자신처럼 꿀피부(?)로 만들어주겠다고 했다. 나는 난생 처음 피부과에서 관리를 받았다. 그리고 얼마 뒤 정말 거짓말처럼 피부가 좋아졌다.

세금 문제도 마찬가지다. 나는 세금에 있어서 전문가다. 어떤 문제를 어떻게 해결해야 하는지에 대한 충분한 지식과 경험이 있다. 그래서 보다 올바른 판단을 할 수 있다. 하지만 모든 사람이 반드시 전문가 의견을 따르지 않는다. 특히 경험 많은 회사의 대표일수록 그런 경향이 강하다. 가령, 어떤 행위가 사실을 탈세지만 이런 행위를 해도 세무조사로 곧바로 연결되지 않는다는 것을 알면 더욱 그렇다. 그리고 이런 경험은 어떤 행위가 잘못된 행위라는 사실 조차 잊게 만든다.

하지만 내 생각은 다르다. 잘못된 것은 잘못된 것이고 잘못된 것을 인지하고 이를 감내하겠다는 의사결정을 하는 것은 다르다. 특히 최근의 세무조사 내지 국세청의 동향은 과거와 사뭇 다르다. 훨씬 면밀하고 세밀한 분석이 가능해졌다. 그래서 과거에는 크지 문제되지 않았던 사안도 근래에는 세무조사가 이루어지는 것 같다. 어떤 사람은 이를 두고 억울하다고 말한다. 하지만 이것은 억울한 것이 아니다.

내가 상담하는 대부분의 문제는 이미 많은 경험을 해본 주제다. 그래서 굉장히 익숙하고 대략적인 상황만 파악해도 그림이 그려진다. 하지만 내게 상담을 받는 사람들은 그런 문제를 거의 접한 경우가 없다. 그래서 아무리 좋은 솔루션을 알려주더라도 쉽게 결정하지 못한다. 물론 여기에는 그 대리인에 대한 신뢰의 문제도 있다.

세법은 굉장히 어렵다. 특히 세부적인 실무는 이 책에서 이야기하는 것처럼 물 흐르듯 쉽게 진행되지 않는다. 매번 이런 저런 장애물에 부딪힌다. 결국 그런 난관을 어떻게 해결하느냐가 관건이다. 믿을 만한 전문가를 곁에 두었다면 믿고 조언에 따르라. 가장 현명한 의사결정을 하는 지름길이다.

04

중소기업을 운영하고 있다면 자녀 회사에 일감을 몰아줘라?

나를 찾아오는 자산가들은 대부분 회사를 운영한다. 그래서 이 책에서 소개하는 사례의 대부분이 회사와 관련되어 있다. 특히 상속이나 증여는 회사와 뗄래야 뗄 수 없는 관계에 놓여 있다.

부동산 같은 특정한 재산은 세금을 줄일 수 있는 여지가 굉장히 제한적이다. 하지만 회사를 운영하고 있다면 이야기가 달라진다.

그런 자산가들의 이야기를 들어보면 지금껏 알지 못했던 내용을 질문하는 경우는 거의 없다. 그들에게는 생소하지만 나는 매일 접하기 때문이다. 그런데 누가보아도 정말 이래도 될까 생각하게 만드는, 다소 충격적인 제목으로 이번 주제가 시작된다. 정말 이래도 아무 문제가 없을까? 걱정 할 필요없다. 이것은 내가 말한 것이 아니라 세법에 그렇게 쓰여 있기 때문이다.

사 례

얼마 전 상담을 한 N 씨(55세)는 어떤 제품의 부자재를 생산하는 제조업체의 대표이사다. N 대표가 운영하는 회사는 법인이었고, 그의 자녀는 20대에 불했지만 N 대표와 같은 업종의 개인사업을 운영하고 있었다. 그런데 N 대표 회사의 지분구조를 살펴보면 문제가 조금 있었다. 법인설립 당시 발기인을 3인 이상으로 둬야 했던 과거의 상법 규정으로 인해 일부의 지분을 다른 사람 명의로 이른 바 '명의신탁*'을 한 것이다. 이후에도 그 명의신탁한 주식을 다시 다른 사람의 명의로 재차 바꾸는 일이 이어졌다.

N 대표는 자신의 회사지분을 어떻게 자녀에게 넘겨줄지 그리고 자신이 명의신탁한 주식을 어떻게 해결할지 고민에 빠져 날마다 밤 잠을 설쳐야만 했다. 사실 명의신탁 문제는 다소 복잡한 측면이 있어서 명확한 사실관계를 파악부터 해야 한다. 그런데 내가 N 대표의 명의신탁 문제를 자세히 들여다보니, 당시 상황에서는 해결이 쉽지 않아 보였다. 즉 어떤 방법을 사용해도 그 방법에 따른 세금이나 비용이 발생하기 때문에 효과적인 해결책이 없다고 판단했다.

이런 복잡한 상황에서 딱 한 가지만 N 대표에게 확인차 다음과 같은 질문을 던졌다.

---

* 실제로는 A의 주식이지만 B의 명의로 하는 경우를 말한다.

"대표님. 아드님의 개인사업은 정말 아드님이 직접 운영하는 것은 맞나요?"

이제는 내가 왜 이 질문을 했는지 독자들도 충분히 짐작할 것이다. 아니 이제는 이해하고 있어야 한다. 정말 아들이 직접 사업을 운영하고 있다면, 아들에게 이익을 낼 수 있는 기회를 제공하는 것 자체가 완벽한 솔루션이기 때문이다.

아니! 언제는 '씨앗'을 줘야지 '꽃'을 주면 안된다고 하더니, 이게 도대체 무슨 말인가 싶겠지만 지금부터 실제 있었던 세법 개정의 변천사를 들어보면 충분히 이해할 수 있다.

때는 2012년. 내가 아직도 또렷하게 기억하는, 아직도 회자되는 증여세와 관련된 재미있는 사건이 있었다. 당시 대기업의 변칙적인 증여를 막기 위해 이른바 '일감 몰아주기'라는 행위에 제동을 거는 세법 규정이 새로 만들어졌다. 여기서 '일감 몰아주기'란 자녀가 신설법인을 설립하고 부모가 운영하는 법인에서 신설법인에게 일감을 몰아주는 것을 말한다. 자녀의 법인이 막대한 이익을 얻을 수 있고, 결국 자녀가 간접적인 증여의 혜택을 누리게 되는 것이다.

그런데 이러한 행위는 단순히 자녀에게 증여를 하는 것보다 사회적으로 문제되는 요소가 있었는데, 그것은 바로 대기업의 일이 자녀 회사에 집중됨으로써 다른 이해관계가 없는 중소기업의 일감이 줄어드는 결과를 초래한다는 것이다. 즉 '일감 몰아주기'가

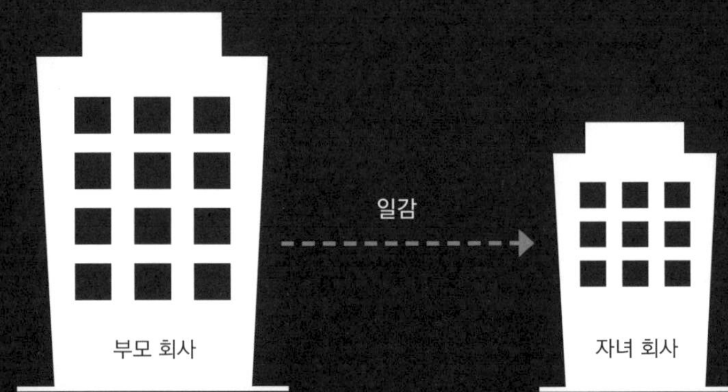

'일감 몰아주기'란 자녀가 신설법인을 설립하고
부모가 운영하는 법인에서 신설법인에게 일감을 몰아주는 것을 말한다.
자녀의 법인이 막대한 이익을 얻을 수 있고,
결국 자녀가 간접적인 증여의 혜택을 누리게 되는 것이다.

많아지면 많아질수록 일감 자체가 줄어들어 다른 중소기업이 피해를 볼 수 있었다. 따라서 정부에서는 변칙적인 증여를 막고 공평한 사업기회 제공을 위해 특수관계 회사에 일감을 몰아주는 경우에는 증여세를 과세하여 이러한 행위를 하지 못하도록 세법을 개정했다.

2013년 3월. 나는 이 법이 시행되고 처음으로 신고되는 해의 신고결과를 확인하고 놀라움을 감출 수 없었다. 막상 뚜껑을 열어보니 신고 대상으로 추정되는 1만여명 중 대기업 총수 일가는 70여 명에 불과하고 나머지 9930여명은 중소·중견기업 주주들이었다. 실제로 일감을 몰아주는 행위는 대기업보다 중소기업에서 훨씬 더 많이 하고 있었다.

신문기사

일감몰아주기 과세의 불편한 진실

국세청이 지난 4일 이른바 '일감몰아주기 과세(이하 일감 과세)' 신고 대상으로 추정되는 1만여명(6200여개 기업 대주주 및 친인척 등)에게 신고 안내문을 발송했다. 그런데 막상 뚜껑을 열어보니 1만명 중 30대그룹 총수와 오너 일가는 70명에 불과했다. 나머지 9930여명은 중견·중소기업 주주들이었다. 국세청이 포착한 것만 이 정도일 뿐, 실제 과세대상인 중견·중소기업 오너 일가는 훨씬 많을 것으로 재계는 추정한다. 대기업들이야

국세청의 '감시망'을 피하기 힘들지만 중소기업들은 그렇지 않기 때문이다.

시작부터 논란이 많았던 '일감 과세'는 대기업 총수 일가를 겨냥한 대표적인 '표적 입법'인데 중소기업들이 제물이 되고 말았다. '증여세 폭탄'을 맞게 된 중소기업 오너들은 "웬 날벼락이냐"는 반응들이다. "중소기업이 과세 대상이 될 것이라고는 꿈에도 생각하지 못했다"는 김기문 중소기업중앙회 회장의 말(4월22일 김덕중 국세청장과의 간담회)이 새삼 떠오른다.

경제민주화 유탄 맞는 中企

수직계열화나 시너지 창출, 원가 절감, 업종 전문화 등 경영상의 필요성을 무시한 채 단순히 일감몰아주기를 '부도덕한 행위'라고 규정한다면 상당수 중견 · 중소기업은 '나쁜 기업'이 된다. 대기업보다는 중소기업이 주로 친인척들을 중심으로 경영진을 구성한다는 사실은 누구나 안다. 한 경제단체 관계자는 "대기업 월급쟁이는 열심히 하면 최고경영자(CEO) 반열에 오를 수 있다는 꿈이라도 꿀 수 있지만, 중소기업은 그렇지 않다"며 "청년 구직자들이 중소기업을 기피하는 데는 급여 등의 문제 외에 이런 이유도 있다"고 말했다.

일감 과세뿐만이 아니다. 하도급업체에 부당한 납품단가 인하

압력을 가하다 적발되면 피해액의 3배까지 배상책임을 물리는 징벌적 손해배상제도 같은 부작용을 불러올 가능성이 높다. 1차에서 2, 3차 협력사로 내려갈수록 단가 인하 압력이 심하다는 것은 업계의 공공연한 비밀이다. 갑보다 더한 '을의 갑질' 얘기다.

'경제적 약자 보호'를 명분으로 내건 대형마트 영업 규제로 애꿎은 농민과 영세 납품업체만 피해를 보는 게 현실이다. 최저임금 인상도 그렇다. 노·사·공익위원으로 이뤄진 최저임금위원회는 최근 사용자위원들의 퇴장 속에 내년 시간당 최저임금을 5210원으로 올해보다 7.2% 올리기로 결정했다. 아르바이트 직원을 많이 쓰는 영세기업과 호프집, PC방, 동네빵집 사장들만 죽어날 게 뻔하다.

'토초세 전철' 되풀이 우려

일감 과세의 사례처럼 상당수 기업 오너들이 새로 만들어진 법규 체제에서 '잠재적인 범법자'가 된다면 현실에 맞지 않는 규제를 애초부터 만들지 않았어야 했다. 그래도 부도덕한 행위라고 주장한다면 대기업보다 중소기업들이 더 비난을 받아야 할 일이다. 중소기업에 일감몰아주기가 많은 것은 지나치게 높은 상속·증여세에도 원인이 있다. 우리나라 상속·증여세율은 최고 65%에 이른다.

일감 과세는 위헌 시비에서도 자유롭지 못하다. 대주주들이 주식 배당금에 대한 소득세를 내는데 다시 세금을 물리는 것은 이중과세다. 아직 실현되지 않은 이익에 대해 세금을 내라는 것도 말이 안된다. 유휴 · 비업무용 토지의 땅값 상승분에 세금을 매기다가 '미실현 이익에 과세한다'는 논란을 빚은 끝에 헌법불합치 판결로 폐지된 토지초과이득세(토초세)가 문득 생각난다. '경제민주화'의 칼끝이 대기업과 총수 일가를 망신주는 데만 맞춰져 있다 보니 부작용이 안 나올리 만무하다.

– 「한국경제」 2013년 7월 10일
이건호 산업부 차장

이 법으로 인해 당시 중소 · 중견기업들은 때 아닌 소동이 일어났다. 가뜩이나 경기가 어려워 사업을 하기 힘든 마당에 도대체 왜 이상한 법을 만들어서 사업에 집중할 수 없게 만드느냐는 것이었다. 국세청 및 기획재정부에는 각종 중소기업 단체의 항의가 빗발쳤고, 결국 항의를 버티지 못하고 정부는 2014년 1월 중소기업 간 발생한 거래에 대해서는 증여세 부과를 하지 않도록 법이 개정되었다. 즉 중소기업 간에는 '일감 몰아주기'를 하더라도 증여세가 과세되지 않도록 다시 바뀐 것이다.

어떤가? 이 장의 제목을 왜 이렇게 정했는지 이해되는가?

Solution

N 대표는 나의 질문에 이렇게 대답했다. "홍 회계사. 내 아들은 어리지만 나를 닮아서 야무지게 사업을 잘 한다네." N 대표의 자녀가 실제 사업을 하고 있는 것이 사실이라면 N 대표의 회사에서 자녀의 회사로 일감을 주어도 문제없다. 두 회사 모두 중소기업이기 때문이다. 게다가 N 대표가 자녀 회사에 일감을 몰아준다면 자연스럽게 자녀의 소득이 증가하여 소득세도 많이 내게 될 것이므로 자녀 회사를 미리 법인으로 전환할 것도 조언했다.

하지만 아직 모든 문제가 해결된 것은 아니다. 일감 몰아주기가 중소기업 간에 발생한 것이라면 이미 살펴본 것처럼 문제되지 않지만, 중소기업 간에 일어났던 아니던 상관없이 부모 자식과 같은 특수관계자 사이에서 거래가 이루어질 때는 '시가*'에 대한 문제는 여전히 남아있게 된다. 시가에 대한 문제는 특수관계자 사이에서 거래를 한다면 항상 발생하는 문제기 때문에 반드시 정확히 알아야 한다.

예를 들어, A회사에서 B회사로부터 물건을 공급받을 때 100원에 공급 받는다고 가정해보자. 이때 A회사는 B회사로부터 더 이상 물건을 공급받지 않고 자녀 회사로부터 공급받기로 결정, B회

---

* 불특정 다수 사이에 자유롭게 거래가 이루어지는 경우, 통상적으로 성립된다고 인정되는 가액을 말한다.

사로부터 공급받았던 물건과 동일한 물건을 자녀 회사로부터 120원에 공급받기로 했다면 이는 세법상 '시가' 문제에 부딪히게 된다. 즉 특수관계인에게 부당한 이익을 줌으로써 A회사가 20원의 손해를 입었다는 것이다.

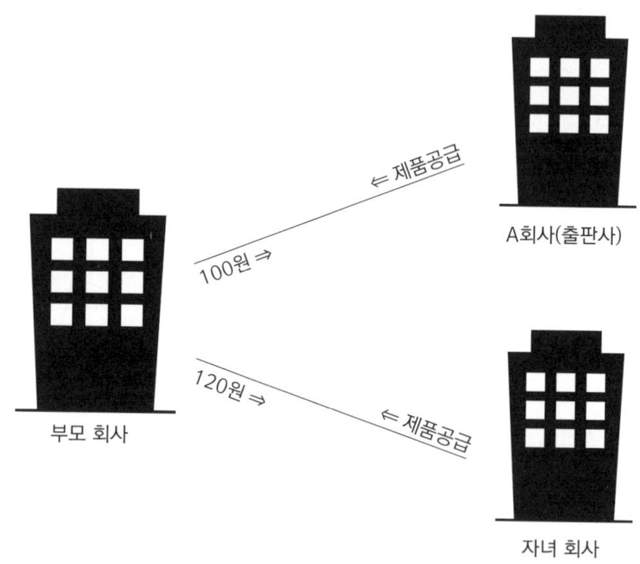

부모 회사가 자녀 회사에게 부당하게 20원만큼 이익을 이전한 것이므로
세법에서는 이러한 행위에 대해 세금을 부과함

따라서 일단 특수관계인과 어떤 거래를 하기로 마음 먹었다면 증여 문제는 차치하고서 '시가'문제부터 해결해야 한다. 즉 제3자

와 거래할 때처럼 시가대로 거래해야 아무 문제없다.

 '일감 몰아주기'의 효과는 실로 대단하다. 특히 장기적인 관점에서 N 대표는 사실상 회사를 통째로 자녀에게 증여한 것과 똑같은 효과를 볼 수 있다.

N 대표의 회사의 매출액은 연간 약 100억 정도다. 대부분의 제품은 회사에서 직접 생산하지만 일부 제품의 경우 다른 업체에 외주생산을 맡겨 납품한다. 이때 외주생산을 자녀 회사에 맡긴다면 자녀 회사는 제품공급에 따른 이익을 남길 수 있다. 극단적으로 N 대표의 회사에서 자체생산을 포기하고 자녀 회사에 100% 외주생산을 맡긴다고 가정해보자. 자녀 회사에서 N 대표의 회사로 납품하는 가액이 가령 50억이라고 치고, 자녀 회사의 영업이익률이 10%라고 한다면, 자녀 회사는 N 대표의 회사와 거래함으로써 5억의 이익을 매년 꾸준히 올릴 수 있다.

그렇다면 자녀가 벌어들인 5억이라는 소득은 도대체 어디서 온 것일까? 당연히 N 대표의 회사가 그 만큼의 이익을 적게 벌게 됨으로써 자녀가 얻게 된 것이다. 다시 말하면 N 대표의 회사에서 자체생산을 하여 직접 얻을 수 있었던 이익을 포기함으로써 자녀가 벌 수 있게 된 것이다. 이는 자녀에게 무상으로 증여한 것과 같다.

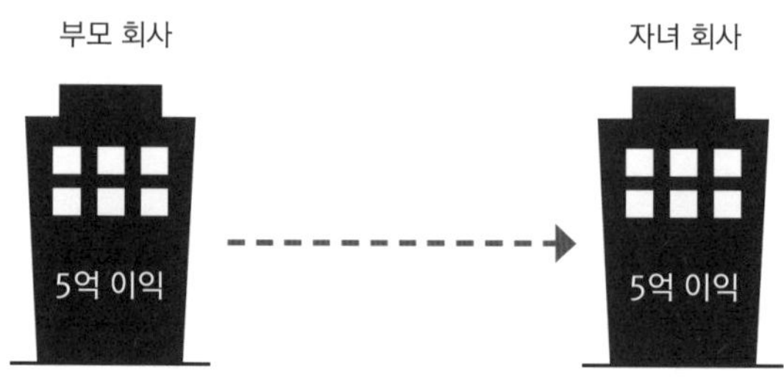

5억을 떼서 자녀 회사에 준것과 다름없는 효과

‘일감 몰아주기’의 파급효과는 여기서 그치지 않는다. 더 큰 증여의 효과가 기다리고 있다.

회사의 주식가치는 단순히 지금 우리회사의 자산이 얼마인지를 나타내는 ‘자산가치’가 중요한 것이 아니다. 오히려 제조업체와 같은 회사에서는 매년 벌어들이는 수익을 기초로 가치를 평가하는 ‘수익가치’가 훨씬 중요하다. 세법에서는 주식가치를 평가할 때 수익가치에 보다 높은 가중치를 두고 평가한다.

예를 들어, 총자산 중 부동산이 차지하는 비율이 50%를 넘지 않는 상황에서 자산가치가 10억이고 수익가치가 50억이라면, 그 회사의 주식가치는 10억의 40%와 50억의 60%를 곱한 금액을 더해 34억으로 평가한다.

따라서 이렇게 최소 3년의 시간이 흐른다면 N 대표 회사의 가치는 크게 하락할 것이고, 자녀 회사의 가치는 크게 증가할 것이다. 좀 더 구체적으로 말하자면 자녀 회사로 매년 5억의 이익을 이전한다면 세법상 수익가치는 50억의 가치 차이를 만들어낸다. 즉 N 대표의 회사는 수익가치가 50억 감소하고, 자녀 회사는 수익가치가 50억 증가한다. 결국 수익가치는 주식가치를 평가할 때 60%만 반영되기 때문에 N 대표의 회사주식은 30억이 떨어진 상태로 평가되는 것이고, 자녀 회사는 30억 증가된 상태로 평가된다. 결과적으로 N 대표는 재산 30억을 한 푼도 들이지 않고 자녀 회사로 이전시킨 셈이다.

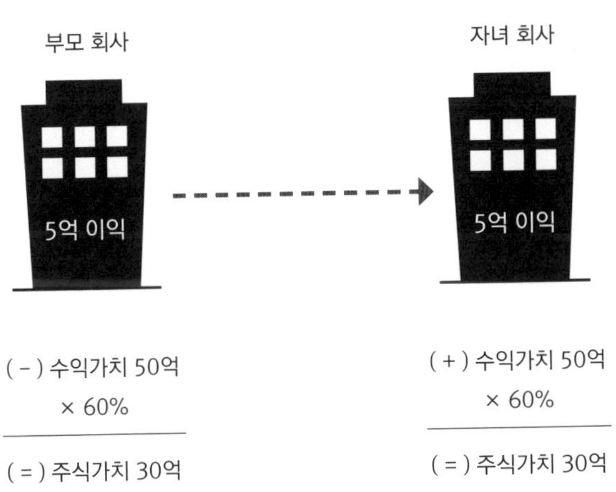

자녀에게 30억을 증여세 없이 준 것과 동일함

N 대표 입장에서 누리는 효과도 여기서 그치지 않는다. 그는 명의신탁 문제도 걸려있기 때문이다. '일감 몰아주기'는 명의신탁 문제를 해결하는데도 도움이 된다. N 대표 회사의 주식가치가 하락한다는 것은 명의신탁된 주식의 가치도 함께 떨어진다는 것을 의미하기 때문이다. 즉 명의신탁된 주식을 해결할 때 소요되는 비용을 크게 줄일 수 있다.

몇 년의 시간이 흐르고 자녀가 충분한 자금력을 확보할 수 있을 때쯤이면, 아마 N 대표 회사의 주식가치는 지금보다도 더 떨어질 것이고 자녀 회사의 주식가치는 지금보다 훨씬 올라갈 것이다. 그렇다면 자녀가 명의신탁된 주식을 직접 인수해도 되고, 아니면 N 대표의 회사와 자녀 회사를 합병하여 명의신탁된 주식을 희석시켜 문제를 해결할 수도 있다.

주 ! 의　　중소기업 간에 이루어지는 '일감 몰아주기'는 세법상 문제되지 않지만 다른 법률에 따른 문제는 발생할 수 있어 주의가 필요하다. 특히 형법상의 '배임', 최근 개정된 상법상의 '회사의 기회 및 자산의 유용 금지' 내지 '이사 등과 회사 간의 거래', 공정거래법상의 문제가 대표적이다.

배임죄의 경우에는 요건이 까다로워 현실적으로 성립하기가 다소 어렵다고는 하지만, 대법원 판례(대법원 2005.10.28. 선고 2005도4915)에 따르면 1인 회사도 배임죄가 성립하기 때문에 이 문제에 결코 자유로울 수는 없다. 뿐만 아니라 공정거래법상의 과징금 등의 행정처분을 받을 수도 있다.

따라서 '일감 몰아주기'를 고려하고 있다면 반드시 변호사와 상의하여 다른 법률상 발생할 수 있는 문제를 사전에 살펴보는 지혜가 필요하다. 이처럼 '일감 몰아주기'는 이미 형법, 상법 및 공정거래법 등 다른 주변 법률을 통해 규제되고 있다. 그럼에도 불구하고 세법을 규제의 수단으로 사용한다는 것에 대한 비판이 많다. 세법을 제재의 수단으로 사용할 것이 아니라 세법 본연의 기능에 충실하게끔 규정을 정비할 필요가 있다.

Key Point

※ 부모도 자녀도 중소기업을 운영하고 있다면 '일감 몰아주기'를 통해 세금을 부담하지 않으면서 사실상의 증여를 할 수 있다.

※ '일감 몰아주기'에서 배제되는 중소기업의 범위는 일반적인 중소기업의 범위와 다르기 때문에 반드시 '일감 몰아주기'에서 배제되는 중소기업에 해당하는지 사전에 검토해야 한다.

※ 중소기업 간의 '일감 몰아주기'는 세법상 문제는 없지만 다른 주변 법률에 따른 문제가 발생할 수 있기 때문에 반드시 사전에 변호사의 자문을 구하는 것이 중요하다.

Q _ 부모가 차등배당을 통해 자녀에게 배당금을 많이 지급하는 것이 정말 실익이 있을까?

A _ 차등배당이란 지분율에 따라 배당금을 받는 것이 아니라 대주주가 자신의 배당금을 포기함으로써 소액주주가 원래 받아야 하는 배당금보다 많은 배당금을 받는 경우다. 현행 상법에서는 원칙적으로 차등배당을 허용하지는 않는다. 다만 판례를 통해 대주주가 스스로 배당금을 포기하는 경우 등에 한하여 제한적으로 허용하고 있을 뿐이다.

문제는 차등배당을 통해 얻은 이익이 어떻게 과세되는지 여부다. 즉 배당소득이므로 소득세가 과세되어야 하는 것인지 아니면 사실상 증여이익이므로 증여세가 과세되어야 하는지의 문제다.

이와 관련하여 종전의 논의에서는 다소 엇갈리는 의견이 있었다. 즉 소득세가 과세되면 증여세가 과세되지 않는다는 의견과 차등배당처럼 사실상 증여이익에 해당하는 경우에는 배당소득으로 볼 수 없기 때문에 증여세를 과세해야 한다는 의견이 있었다.

어쨌거나 이와 같은 논란은 2016년 세법이 개정되면서 해소되었다. 왜냐하면 개정세법에 따르면 특수관계인 사이에서 차등배당을 통해 얻은 이익은 증여이익으로 보아 과세하도록 명문의 규정을 두었기 때문이다. 그래서 차등배당을 통해 자녀가 이익을 얻는 경우에는 증여세가 과세되는 것이다.

다만 예외가 있다. 그것은 바로 차등배당을 증여이익으로 간주, 산출한 증여세보다 배당소득으로 보아 산출한 소득세가 더 큰 경우에는 배당소득으로 보아 소득세를 부과한다는 것이다. 즉 차등배당을 통해 얻은 이익은 결국 증여세와 소득세 중에 더 많이 나오는 세목으로 세금을 내야 한다.

차등배당의 과세구조

차등배당	증여세 〉 소득세	증여로 보아 증여세 과세
	증여세 〈 소득세	배당으로 보아 소득세 과세

그런데 지금까지 이 글을 읽은 독자라면 한가지 깨달은 바가 있을 것이다. 이렇게 질문을 던지고 싶다.

"정말 차등배당을 통해서 증여세를 내고 싶은가?"

이 말을 바꾸면 차등배당을 통해 증여세를 내는 것이 과연 바람직한가이다. 왜냐하면 차등배당을 통해 현금을 증여하느니 그보다 더 의미있는, 향후에 자녀가 추가적인 재산을 형성할 수 있는 무언가를 증여하는 것이 더 올바른 판단이 아닌가라는 질문이다.

증여세는 증여재산의 가치가 높으면 높을수록 더 많은 세금을 내야하는 구조다. 즉 차등배당을 통해 10%의 세율 내지 20%의 세율을 적용 받아 증여세를 절세할 수 있다고 생각하기 보다 그 낮은 증여세 세율구간에서 더 의미있는, 자녀가 재산을 형성할 수 있는 '씨앗의 역

과세표준	세율
1억 이하	10%
1억 초과 5억 이하	20%
5억 초과 10억 이하	20%
10억 초과 30억 이하	40%
30억 초과	50%

할'을 하는 재산을 증여하는 것이 보다 바람직하다.

요즘 들어 차등배당에 대한 인기는 과거에 비해 현저히 시들었다. 차등배당은 정말이지 세법이 개정되기 전까지는 열풍을 넘어 광풍에 가까울 정도로 유행이었다. 그래서일까? 세법은 여지없이 개정되었다.

그럼에도 간혹 차등배당의 실익에 대해 묻는 문의가 들어온다. 사실 차등배당에 대한 실익을 제대로 이해하기 위해서는 구체적인 내용을 알아야만 하는데 이를 쉽게 설명하는 것이 생각보다 만만치 않다. 차등배당은 대한 세법개정이 있는 후부터는 과거에 비해 실익이 떨어진 것이 사실이다. 그래도 차등배당을 통해 자녀에게 증여하면 최소한 부모가 내야 하는 배당소득에 대한 종합소득세 만큼은 절세할 수 있기 때문에 이점은 분명히 있다.

하지만 앞서 설명한 것처럼 증여의 '씨앗'이 얼마나 중요한지 이미 알고 있다면, 낮은 세율을 적용 받는 증여세 구조에서 차등배당을 선택할지 아니면 다른 증여의 '씨앗'을 줄 것인지 생각해볼 필요가 있다.

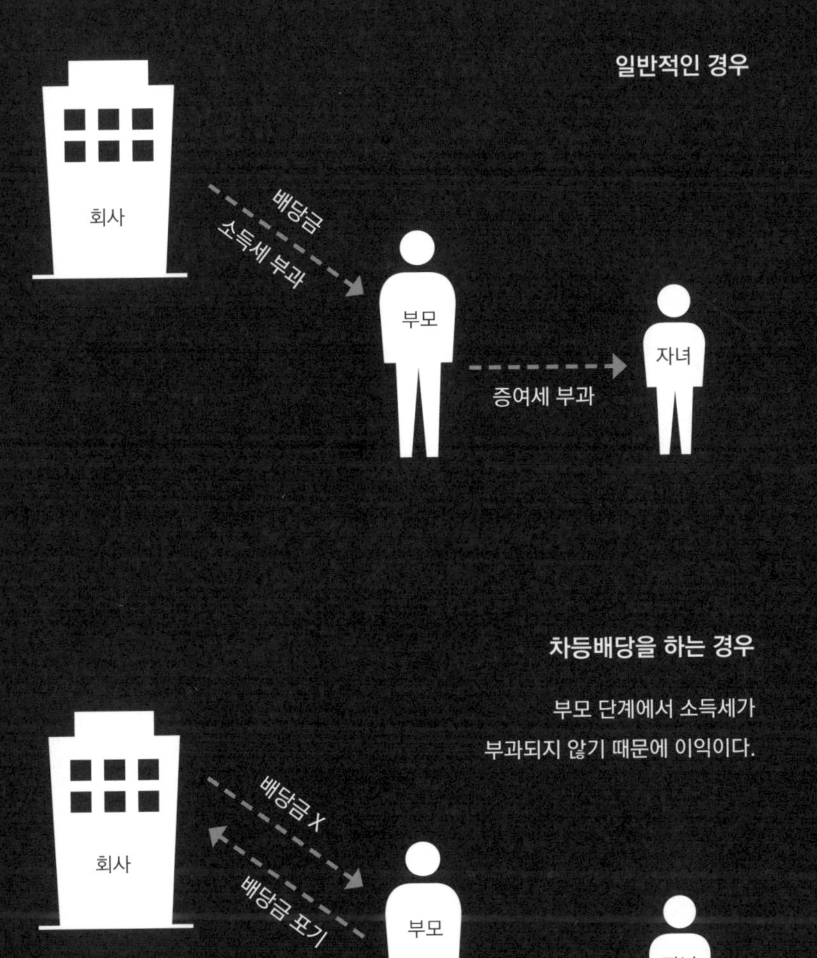

일반적인 경우
회사
배당금
소득세 부과
부모
증여세 부과
자녀
차등배당을 하는 경우
부모 단계에서 소득세가
부과되지 않기 때문에 이익이다.
회사
배당금 X
배당금 포기
부모
자녀
배당금
증여세 또는 소득세

05

증여만이 능사는 아니다. 교환하라

꼭 자녀에게 증여하는 것만이 능사는 아니다. 내 재산을 자녀가 가진 다른 재산과 바꾸는 방법도 생각해볼 수 있다. 예를 들어, 주식과 부동산을 교환하는 것이다. 상황에 따라 조금씩 달라질 수는 있지만, 일반적으로 주식가치의 변동폭은 부동산보다 크고, 부동산의 경우 향후에 발생할 상속세를 줄일 수 있는 방법을 현실적으로 거의 찾아보기 어렵기 때문에, 부모가 갖고 있는 부동산과 자녀가 갖고 있는 주식을 교환하는 경우가 보통이다.

교환은 양쪽 모두에게 이익이 되야 성립이 가능한 거래기 때문에 자산의 특성을 생각한다면 양쪽 모두에게 매우 합리적인 거래가 될 수 있다. 가령, 이미 모아둔 재산은 있지만 은퇴 후 일정한 소득이 없는 부모세대의 경우에는 금융소득과 같이 꾸준한 소득을 얻을 수 있는 재산을 교환하거나, 현재 재산은 없지만 꾸준한 근로소득을 얻을 수 있는 자녀세대의 경우에는 부동산과 같이 향후에 자산가치상승을 기대해 볼 수 있는 재산과 교환하는 것을 고려해 볼 수 있다. 이번에 소개하는 사례를 살펴보면 어떤 의미인지 정확하게 이해할 수 있을 것이다.

사 례

부동산은 당장의 임대수익보다 이후 시세차익을 기대하며 투자하는 재산이다. 반면에 주식은 실제 회사를 경영하기 위해 보유한 재산으로, 경영권을 갖고 있다면 그 회사에 임원으로서 일할 수 있기 때문에 근로소득을 얻을 수 있는 재산이다. 또한 주주로서 배당소득도 얻을 수 있는 재산이다.

자녀에게 어떻게 회사를 물려줄 것인지에 대한 조언을 얻기 위해 나를 찾아온 P 씨(70세)는 회사(제조업)의 대주주이자 과거 대표이사였다. P 대표는 회사주식을 비롯해 다수의 부동산을 보유한 부자였다. 대부분의 고객이 그러듯 P 대표 역시 나를 만나기 전까지 조금이나마 상속세를 절세할 수 있는 방안을 찾기 위해 수 많은 전문가를 만나 상담을 받았고, 몇 가지 방법을 통해 이미 자녀에게 사전증여도 해 둔 상태였다. P 대표가 이미 실행한 사전 증여 중에서 아주 잘한 것이 있었는데, 그것은 바로 자신이 운영했던 회사의 주식을 수 년 전 자녀에게 증여하고 자녀가 회사의 대표이사 직을 물려받아 직접 회사를 경영하게 한 것이었다.

P 대표는 자신이 갖고 있는 나머지 회사지분과 엄청나게 많은 부동산을 어떻게 세금을 최소화 하면서 자녀에게 물려줄지가 늘 고민이었다.

Solution

올바른 솔루션을 찾아내기 위해서는 모든 상황을 고려해서 판단해야 한다. P 대표의 경우도 마찬가지였다. P 대표의 자녀가 운영하는 회사는 제조업이었다. 제조업은 무엇을 만드느냐에 따라 차이가 날 수는 있지만, 일반적으로 경기를 많이 타는 업종이다. 그래서 나는 회사의 수익성에 대한 부분을 반드시 확인하고자 했다. 왜냐하면 앞으로의 상황에 따라 P 대표와 그의 자녀가 갖고 있는 주식의 가치가 크게 변할 수 있기 때문이다. 즉 증여세나 상속세가 큰 폭으로 변할 수 있다는 것이다. 나는 P 대표에게 다음과 같이 질문했다.

"대표님, 아드님이 운영 중인 회사는 요즘 상황이 어떤가요?"

"혹시 앞으로 회사의 이익이 늘어날 것으로 보시나요? 아니면 줄어들 것으로 보시나요?"

"홍 회계사도 잘 알겠지만, 요즘 제조업이 예전 같지가 않네. 그래도 이 업계에 뿌리 깊은 회사인데 큰 돈을 벌기는 힘들겠지만 꾸준하지는 않겠는가."

"대표님, 그럼 보유한 부동산 중 괜찮은 부동산이 있나요? 음… 가령 앞으로 가격이 오를 만한 부동산이라던가 아니면 임대수익이 괜찮은 부동산 같은 것이요."

"내가 갖고 있는 부동산 중에서 수도권에 괜찮은 땅이 있는데 아직 개발을 하지 않아서 그렇지 거기다 건물을 지어서 분양하면 괜찮을 것으로 생각하네."

나는 P 대표의 이야기를 듣고 생각했다. 어차피 주식가치는 앞으로 하락할 가능성이 높고, 부동산은 개발을 하면 가치상승이 기대되는 상황이었다. 회사의 주식은 P 대표도, 그의 자녀도 갖고 있었기 때문에 가치가 떨어진다면 P 대표 자녀의 지분가치도 떨어지는 것이다. 나는 P 대표에게 다음과 같은 조언을 했다.

"대표님, 대표님께서 자녀의 주식을 인수하고, 그 대가로 땅을 주십시오!"

P 대표는 이야기를 듣고 무척 놀랐다. 그도 그럴 것이 지금까지 수 많은 전문가를 만나봤지만 자녀의 주식을 인수하라고 조언한 전문가는 단 한 명도 없었기 때문이다. 매번 나머지 회사의 주식을 어떻게 자녀에게 이전 할지에 대한 고민만 했지, 반대로 자신이 자녀의 주식을 인수할 생각은 하지 못했다.

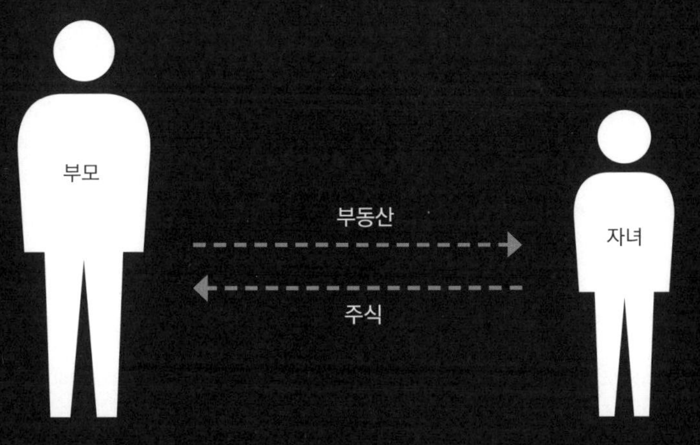

부모
자녀
부동산
주식

P 대표의 경우 자녀의 지분을 인수하는 것이 무조건 이득이다. 왜냐하면 자녀의 지분가치는 지금이 가장 높기 때문이다. 이에 앞서 우리나라 세법에서 주식을 어떻게 평가하는지에 대한 이해가 필요하다.[*]

P 대표가 갖고 있는 비상장주식은 상속세 및 증여세법에 따라 평가하게 된다. 이 방법은 손익가치와 자산가치를 가중평균하여 계산한다. 그런데 여기서 중요한 것은 손익가치는 "향후 발생할 손익에 근거한 것이 아니라 과거 3개년 손익에 따라 평가"한다는 것이다. 즉 앞으로 경영성과가 과거 3개년보다 더 나아지지 않는 한, P 대표와 자녀가 보유한 회사주식은 지금이 가장 가치가 높다.

따라서 향후에 회사가 더 큰 이익을 얻을 수 있을 것이라고 예상한다면 주식가치는 지금이 가장 낮고, 이익이 줄어들 것으로 예상한다면 주식가치는 지금이 가장 높다. 그래서 주식을 지금 증여할지 아니면 나중에 증여할지 또는 아예 처분할지를 판단할 수 있다.

P 대표의 경우에는 현재의 주식가치가 가장 높기 때문에 자녀가 가진 회사주식의 전부를 인수하는 것이 오히려 유리하다. 결국 P 대표는 자녀의 지분 전부를 인수했고, 자녀는 지분양도차익에 대해 10%의 양도소득세 약 6억을 부담했다. 대신 P 대표는 부동산을 아들에게 넘겼고 취득금액 등을 차감한 양도차익의 38%에

---

[*] 자세한 내용은 보론 참조

비상장주식 평가방법

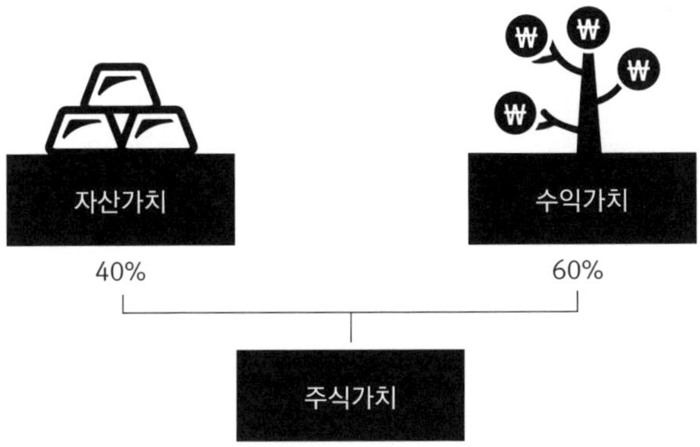

(법인의 총자산에서 부동산이 차지하는 비율이 50% 미만인 경우)

수익가치

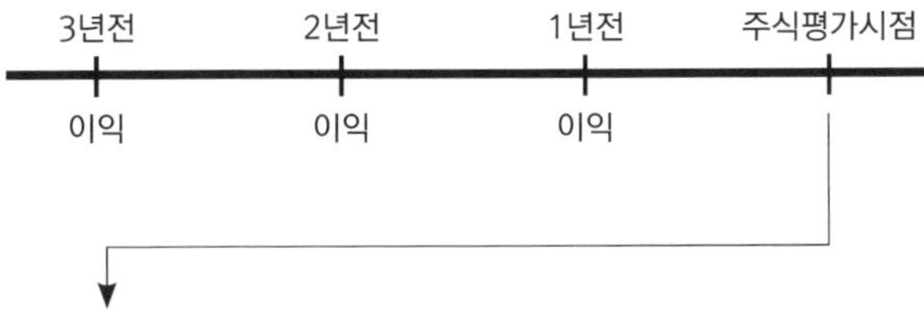

① 앞으로 얼마의 이익이 발생할지는 평가에 반영이 안됨
② 만약 미래에 이익이 줄어든다면 현재(주식평가시점)가 가장
주식가치가 높다는 것
③ 즉 미래에 얼마를 벌지는 현재 시점의 주식가치평가에 반영
되지 않음

해당하는 양도소득세 약 5억을 부담했다. 이 둘의 거래금액만 각각 60억 정도였다. 참고로 비상장주식에 대한 양도소득세율은 현재 20%다.

물론 P 대표와 자녀가 부담한 세금은 적지 않다. 하지만 이렇게 교환하는 것이 훨씬 이득이다. 왜냐하면 P 대표가 교환하지 않고 자녀에게 증여했다면 약 22억6천만원의 증여세를 내야 했을 것이고, 추후에 자녀가 상속받는다고 한다면 약 18억3천만원의 상속세를 자녀가 부담해야 한다.

자녀는 P 대표에게 양도한 주식을 추후 다시 상속받는다면 상속세를 내야 한다. 하지만 그때의 주식가치는 60억 보다 훨씬 낮은 가치로 평가된다. 따라서 상속세도 큰 폭으로 줄어든다. 만약 교환하지 않아 나중에 주식이 아닌 부동산을 상속받는다고 생각해보라. 60억에 대한 상속세를 줄일 길이 없다. 자녀가 주식을 부동산과 교환하지 않았다면 이와 같은 가치변동에 따른 절세효과를 아예 기대하기 어렵기 때문에 교환계약은 아주 훌륭한 결정이었다. 부동산은 주식과 달리 아주 특별한 경우를 제외하고는 세금을 피할 길이 거의 없다.

항목	증여하는 경우	상속하는 경우
재산가액	6,000,000,000원	6,000,000,000원
공제액	50,000,000원	1,000,000,000원
과세표준	5,950,000,000원	5,000,000,000원
세율	50%	50%
산출세액	2,515,000,000원	2,040,000,000원
세액공제	176,050,000원	142,800,000원
납부세액	2,338,950,000원	1,897,200,000원

※ 물론 자녀에게 인수한 주식은 추후 상속시 상속세가 발생하므로 교환계약이 무조건 유리한 것은 아니다. 즉, 자녀에게 인수한 주식의 가격이 떨어지지 않는다면 양도소득세만큼 손해본다. 결국 교환계약은 향후에 회사의 가치가 어떻게 변동할 것인지 또는 부동산의 가치가 어떻게 변동할 것인지 예측에 기반하여 의사결정을 할 수 밖에 없고 이와 같은 예측이 얼마나 올바른지 여부에 따라 절세효과가 크게 좌우될 수 있다.

세무조사

내가 매번 상속이나 증여 관련 컨설팅업무를 할 때면 마음 속에 염두하는 것이 있다. 그것은 바로 세무조사다. 교환거래에 있어서도 빠지지 않는 것이 세무조사다. 대부분의 교환계약은 부모자식 간에 이루어지기 때문에 국세청에서는 관심을 가질 수 밖에 없다. 따라서 업무가 모두 끝나고 나면 항상 세무조사를 받는다. 이번 사례 역시 세무조사를 받았다. 교환계약을 하는 경우 중점적으로 살펴보는 항목은 총 세 가지이다. 첫째, 실제 교환거래가 계약의 내용대로 실제 이루어졌는지, 둘째, 주식과 부동산의 교환가액이 세법상 올바르게 평가되었는지, 셋째, 주식이 명의신탁주식*이 아닌지 여부다.

P 대표 건을 담당하고 있는 담당조사관은 나에게 교환계약과 관련한 주식평가상세내역, 부동산의 상세평가내역, 거래한 경위 및 이유, P 대표의 자녀가 주식을 취득한 자금에 대한 원천내역에 대한 소명자료를 요청했다. 이에 대하여 나는 이미 작성한 주식평가보고서와 감정평가법인으로부터 평가받은 감정평가서를 거래가액 산정의 근거로 제출했고, 거래경위에 대해서는 다음과 같이 정리했다.

P 대표의 거래 경위

"P 대표는 1945년생으로 건강상태의 악화 등의 이유로 언제 은퇴할지 예상할 수 없으므로, 재산의 규모를 증식하는 것보다 은퇴 후 안정적이고 충분한 노후자금을 마련하기 위한 소득원을 갖추는 것이 무엇보다 중요한 시점인 바, 본 건 주식을 인수함으로써 의결권 행사를 통해 안정적인 배당소득을 얻을 수 있고, 경우에 따라 중간배당 등을 통해 충분한 소득을 확보할 수 있기 때문에 이와 같은 거래를 진행 했습니다.

또한 배당소득은 다른 소득이 없다는 전제하에서, 1억을 배당할

---

* 실제로는 A의 주식이지만 B의 명의로 한 주식을 말한다.

경우 배당세액공제로 인해 소득세의 유효세율[*]이 10.23%에 불과하므로, 다른 소득에 비해 상대적으로 적은 세금을 부담할 수 있습니다. 따라서 경제적 합리성 차원에서 이와 같은 거래를 한 것입니다.”

P 대표 자녀의 거래 경위

“비상장주식의 경우 배당금을 수취할 수 있는 장점은 있으나, 비상장주식이라는 특성상 거래가 활발히 이루어지지 못하므로 자산의 가치가 크게 상승하였다 해도 이를 처분하는 것은 용이하지 못합니다. 따라서 자녀가 P 대표에게 본 건 주식을 처분하는 경우 그 동안 누적된 주식의 평가이익을 실현할 수 있는 좋은 기회였기 때문에 동 교환계약을 체결했습니다. 뿐만 아니라, P 대표의 자녀는 아직 30대 후반에 불과하여 향후 근로소득 등의 꾸준한 소득을 얻을 수 있을 것으로 기대되고, 이미 회사의 대표이사로 재직하면서 충분한 급여소득을 얻고 있기 때문에 경제적 관점에서 본 건 부동산을 취득해 향후 재산가치의 증대 등을 기대하는 것이 보다 합리적으로 판단하여 이와 같은 교환거래를 한 것입니다.”

내가 작성한 거래 경위를 읽어보니 어떤 생각이 드는가? 정말 사실이 그렇지 않은가!

---

[*] 납세자가 부담하는 실제세율을 말한다. 예를 들어, 법률상 정한 세율은 10%이나 각종 세액공제 등으로 인해 실제로 부담하는 세율이 5%인 경우 유효세율은 5%이다.

항목	P 대표의 거래경위	P 대표 자녀의 거래경위
연령요인	고령	30대 후반
재산요인	수입은 적으나 재산은 많음	수입은 많으나 재산은 적음
세부담요인	종합소득세를 적게 부담함	종합소득세를 많이 부담함
필요성	안정적인 수입원이 필요	자산가치 상승을 기대할 수 있는 투자안이 필요
	재산증식보다 소득확대가 중요	소득확대보다 재산증식이 중요
투자의사결정	부동산을 처분하고 주식에 투자	주식을 처분하고 부동산에 투자
투자효과	안정적인 배당소득 확보	향후 부동산 시세차익 기대

사실 교환계약 있어서 가장 쟁점이 되는 사항은 평가에 대한 문제나 거래 경위에 대한 문제가 아니다. 가장 중요한 문제는 담당조사관이 마지막에 언급한 '실제 주식의 소유자가 P 대표의 자녀가 맞는지 여부'다. 왜냐하면 실제 주식의 소유자가 P 대표의 자녀가 아니라고 한다면 P 대표는 자녀와 재산을 교환한 것이 아니라 자녀에게 부동산을 무상으로 증여한 것이 되기 때문이다. 즉 자녀는 부동산 가치의 절반에 가까운 증여세를 내야한다.

만약, 이번 사례에서 P 대표의 자녀가 갖고 있던 주식이 사실은 P 대표의 주식이었다고 가정하면 P 대표는 자신의 명의신탁된 주식을 다시 자신의 명의로 가지고 오면서 자녀에게 부동산을 준 셈이 되기 때문에, 자녀는 거의 30억에 가까운 증여세를 내야한다.

따라서 교환계약을 할 때에는 반드시 해당 재산의 진짜 소유권이 누구에게 있는지를 확인해야 한다.

하지만 이번 사례에서 명의신탁은 문제가 되지 않았다. P 대표가 자녀에게 주식을 증여할 당시 자녀는 증여세를 적법하게 신고 및 납부했고, 주식을 증여 받은 뒤 바로 회사의 대표이사로서 직접 경영을 했기 때문이다. P 대표가 자녀에게 증여한 것은 10년도 넘은 일이지만, 그때 적법하게 신고하고 납부한 증여세가 자녀의 재산을 입증하는 결정적인 역할을 했다. 즉 내가 강조하는 '재산 형성을 위한 씨앗'을 아주 잘 활용했다.

결과적으로 P 대표의 자녀는 10년 전 쯤에는 아무런 재산도 없었지만 1억짜리 주식을 증여 받아 이를 P 대표와 교환, 60억짜리 부동산을 얻었다. 어떻게 보면 60억을 얻으면서 10%의 주식 양도차익에 대한 양도소득세만 낸 것이다. 도대체 얼마나 세금을 줄인 것인가!

또 교환계약을 통해 P 대표의 자녀는 부동산을 얻었다. 자녀는 그동안 누적된 주식의 시세차익을 실현할 수 있게 되었고, 그 부동산을 통해 향후 추가적인 부동산에 대한 시세차익도 기대할 수 있게 되었다. 물론 부동산 시세는 오를 수도 있고 떨어질 수도 있기 때문에 다소 불확실한 측면이 있다. 하지만 부동산은 주식과 달리 처분하여 현금화하는 것이 훨씬 용이하고, 게다가 부동산을 당장 처분한다면 양도소득세도 전혀 발생하지 않기 때문에 장점이 더 크다고 할 수 있다.

결국 자녀는 P 대표로부터 부동산을 교환하며 시가인 60억으로 취득했기 때문에 다시 60억에 처분하는 경우, 양도차익은 '0원'이 되어 양도소득세가 전혀 발생하지 않는다.

Key Point

※교환계약은 자녀에게 수익성이 높은 재산을 이전함과 동시에 자녀가 가진 재산 중에서 이미 가치가 많이 오른 재산의 차익을 실현시켜주는 좋은 수단이다. 따라서 자녀에게 이전할 재산은 향후 재산가치 상승이 기대되거나 수익성이 높은 재산으로 교환하는 것이 유리하다.

※자녀의 재산 중 주식과 같이 변동성이 큰 재산이 있는 경우 높은 가액으로 평가되는 시점에 부동산과 같이 상속세를 줄이기 어려운 재산과 교환하는 것이 좋다. 변동성이 큰 재산은 낮은 가액으로 평가되는 시점에 다시 자녀에게 증여하거나 처분해도 되기 때문이다.

※교환하는 재산 중 그 재산을 취득한 날부터 5년 이내에 개발사업의 시행, 형질변경, 공유물 분할, 지하수개발·이용권 등의 인가·허가 및 그 밖에 사업의 인가·허가 등으로 인해 이익을 얻는 경우에는 그 이익에 상당하는 금액을 증여 받은 것으로 취급되어 증여세가 발생할 수 있기 때문에 사전에 검토하는 것이 바람직하다.

※교환계약은 대부분 세무조사가 나오기 때문에 세법에 따라 교환하는 재산의 가치를 제대로 평가 하는 것이 중요하다.

※교환하는 재산의 진정한 권리자가 누구인지 꼭 확인해야 한다. 특히, 비상장주식의 경우 명의신탁주식으로 판단될 여지가 없는지 확인하는 것이 매우 중요하다.

교환은 양쪽 모두에게 이익이 되야 성립이 가능한 거래기 때문에

자산의 특성을 생각한다면 양쪽 모두에게 매우 합리적인 거래가 될 수 있다.

가령, 이미 모아둔 재산은 있지만 은퇴 후 일정한 소득이 없는 부모세대의 경우에는

금융소득과 같이 꾸준한 소득을 얻을 수 있는 재산을 교환하거나,

현재 재산은 없지만 꾸준한 근로소득을 얻을 수 있는 자녀세대의 경우에는

부동산과 같이 향후에 자산가치상승을 기대해볼 수 있는 재산과

교환하는 것을 고려해볼 수 있다.

Q _ 자녀에게 부동산을 부담부증여 하는 경우

A _ 부동산이 많은 사람의 경우 자녀에게 부동산을 증여할 때 거액의 증여세가 발생할 수 밖에 없다. 따라서 채무와 더불어 증여하는 방안을 많이 고려하는 것 같다. 실제로 채무와 함께 부동산을 증여하는 '부담부증여*'는 증여세를 줄일 수 있는 좋은 방안임에는 틀림없다.

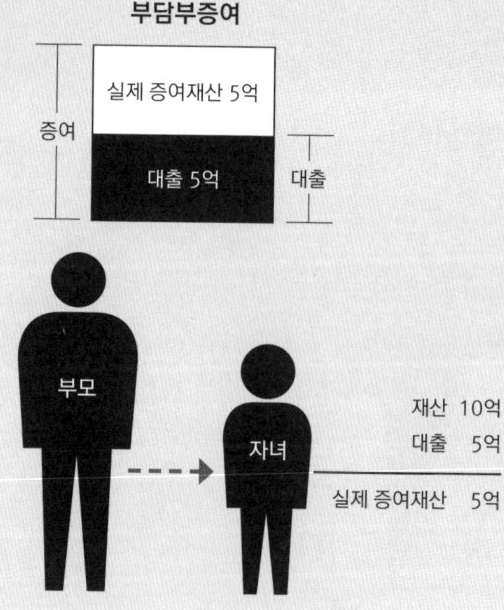

---

* 증여를 받는 사람에게 일정한 급부를 할 의무를 부담하게 하는 증여다. 예를 들어 부모가 자녀에게 일정한 재산을 증여하면서 해당 재산에 대한 채무도 함께 증여하는 경우를 말한다.

예컨대 10억짜리 부동산을 그대로 자녀에게 증여한다고 가정하면 약 2억의 증여세가 발생한다. 하지만 이 부동산을 증여하기에 앞서 가령 5억의 대출을 실행한 뒤, 자녀에게 그 채무까지 인수하는 조건으로 부동산을 증여한다면 사실상 재산 5억을 증여한 셈이 되기 때문에 약 7천만원의 증여세만 발생한다. 따라서 직관적으로 보기에도 약 1억3천만원을 절세한 것으로 볼 수 있다.

항목	10억 증여	5억 증여
증여재산가액	1,000,000,000원	500,000,000원
증여재산공제	50,000,000원	50,000,000원
과세표준	950,000,000원	450,000,000원
세율	30%	20%
산출세액	225,000,000원	80,000,000원
세액공제	157,500,00원	5,600,000원
납부세액	209,250,000원	74,400,000원

하지만 과연 그럴까? 불행히도 부담부증여를 통해 1억3천만원을 절세했다고 생각한다면 오산이다. 왜 그런지 궁금하면 이 질문을 잘 생각해보기 바란다.

"그럼 대출을 통해 얻은 현금 5억은 나중에 증여나 상속하지 않을 셈인가?"

결국 증여세를 줄일 수 있었던 것은 10억짜리 부동산을 5억짜리 부동산으로 바꿀 수 있었기 때문이다. 즉 채무를 덧붙여 재산가액을 줄일 수 있었다는 것이다. 그럼 부담부증여를 하나 10억짜리 부동산의 소유권, 즉 부동산의 지분 50%를 증여하나 산출되는 증여세는 동일하다는 것이다.

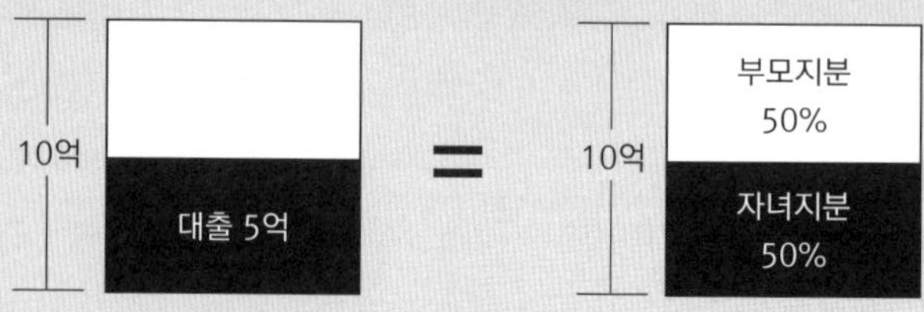

부담부증여를 하는 것과 지분을 일부 증여하는 것은 동일

나중에 대출을 통해 얻은 현금 5억을 자녀에게 증여하는 것이나 부동산 지분의 50%를 자녀에게 증여하거나 동일하다.

그런데 부담부증여는 단순히 증여세만 계산하고 끝나는 증여계약이 아니다. 부담부증여에는 양도계약이 포함되어 있다. 따라서 양도소득세 문제도 발생한다. 무슨 말인지 잘 이해가 가지 않는다면 다음의 그림을 살펴보자.

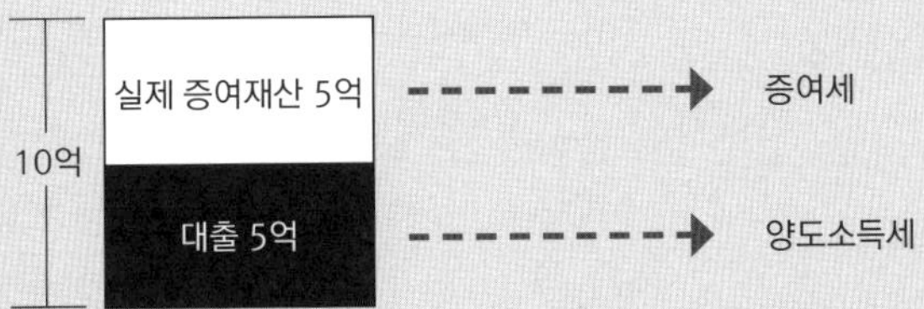

※ 대출 5억이 있는 10억의 부동산을 자녀에게 증여

= 10억의 부동산을 자녀에게 증여하면서 채무 5억이 변제됨

= 10억의 부동산을 자녀에게 증여하면서 자녀에게 5억을 받음

= 10억의 부동산 중 채무를 공제한 5억은 양도, 나머지 5억은 증여한 것과 동일

부담부증여계약에서 채무를 인수하는 조건은 부모가 자녀에게 해당 부동산을 매각한 것과 동일하다. 즉 증여를 한 것이 아니라 매매계약을 한 것이다.

따라서 부모는 자녀에게 해당 부동산을 매각한 부분에 대해서는 양도소득세를 계산하여 신고 및 납부를 해야 한다. 그렇다면 차라리 부동산 지분의 50%를 증여한 경우가 낫지 않겠는가? 부동산 지분의 50%를 증여한다면 증여세만 나올 뿐이지 최소한 양도소득세는 발생하지 않을 테니 말이다.

게다가 향후 10년 이내에 대출을 통해 얻은 현금을 자녀에게 증여 또는 상속했다면 그냥 부동산 전부를 증여 또는 상속한 것보다 오히려 불리할 수도 있다. 10년 동안의 증여 또는 상속재산은 모두 합산해 과세하기 때문이다.

항목	부담부증여		지분증여	전부증여
재산가액	5억 증여	5억 양도	5억 증여	10억 증여
세액	약 7천만원	양도소득세	약 7천만원	약 2억
총 부담세액	약 7천만원 + 양도소득세		약 7천만원	약 2억

만약 부담부증여를 위해 대출받은 5억을 향후 10년 이내에 자녀에게 증여한다면 그때 발생하는 증여세는 약 1억3천만원이 발생한다. 따라서 부동산을 전부 증여했을 때와 동일하다.

결국 부담부증여는 부동산 지분을 일부 증여하거나 전부 증여하는 경우보다 오히려 세금이 더 많이 나오는 결과를 불러일으킬 수 있다.

아마도 부담부증여가 일반인들 사이에서 증여세를 줄일 수 있는 방안으로 받아들여진 것은 부담부증여를 실행하는 당시에는 증여세가 전부 증여하는 경우보다 적기 때문으로 이해할 수 있다. 하지만 이는 조삼모사에 불과하다. 아니 오히려 불리해지는 결과를 초래할 수 있다.

물론 향후에 재산가치 변동으로 인해 부담부증여를 하는 것이 유리할 수도 있다. 하지만 어떤 경우라도 지분의 일부를 증여하는 것보다 유리해질 수는 없기 때문에 부담부증여가 절세대안으로서 결코 효과적인 방법은 아니다.

부담부증여는 교환계약과 마찬가지라 볼 수 있다. 교환계약도 향후 재산가치가 떨어지지 않는다면 오히려 손해일 수 있기 때문이다. 하지만 부담부증여는 교환계약과 달리 자녀로부터 채무액에 해당하는 현금을 받은 것과 동일(부모의 채무가 없어지기 때문)하기 때문에 결국 그 현금은 오롯이 증여 또는 상속을 통해서만 해결이 가능하다. 재산가치의 변동을 기대할 수 없기 때문에 증여세 또는 상속세의 절세를 기대할 수는 없다. 따라서 부담부증여는 교환계약과는 달리 무조건 손해가 될 수 밖에 없다.

과연 부동산은 절대로 세금을 줄일 수 없을까? I

자, 이쯤되면 증여에 대한 시각이 많이 바뀌었을 것이다. 그리고 증여세를 내는 것이 얼마나 중요한 것인지도 실감했을 것이다. 상속세를 줄이고 싶다면 오히려 증여세를 내야 한다는 사실을 깨닫는 것은 결코 쉬운 일은 아니다.

앞선 사례에서 가끔 언급했지만, 부동산을 증여하거나 상속할 때 증여세나 상속세를 절세할 수 있는 방안을 찾는다는 것은 정말 어렵다. 일반적이지 않거나 위험이 따르는 방법이 아니고서야 현실적으로 부동산에 대한 세금을 줄일 수 있는 방법은 거의 없다.

왜냐하면 부동산은 평가하는 방법이 세법에 정확하게 정해져 있어 누가, 언제, 어떻게 평가하던 가치가 일정하게 산출되기 때문이다. 즉 주식과 달리 가치의 변동성의 거의 없다.

하지만 절세 방법이 전혀 없는 것은 아니다. 지금부터 부동산과 관련된 사례를 소개하겠다.

사 례

서울에서 임대사업을 운영하는 S 씨(68세)는 사람들이 소위 말하는 '땅 부자'다. 부동산 일부는 자신이 운영하는 회사에 임대를 주고 있고, 또 다른 일부는 다른 사람에게 사무실과 주택으로 임대를 주고 있다. S 대표도 수 년 전부터 자녀에게 부동산을 어떻게 세금을 적게 부담하면서 물려줄지 고민했지만 뾰족한 수를 찾지 못했다.

S 대표는 주변에 사업을 하는 친구들을 보면 이렇게 저렇게 해서 증여세나 상속세를 절세했다고 하는데, 정작 자신은 무슨 이유인지 모르겠지만 그런 방법이 없는 것 같다고 하소연했다. 그리고 많은 전문가들을 만나서 상담도 받았지만 항상 "부동산은 세금을 줄일 수 있는 방법이 없다"는 대답만 돌아왔다.

정말 방법이 없는 것일까?

Solution

　그렇다. 부동산은 부동산으로 있을 때 절세할 수 있는 방법이 없다. 이 말을 잘 생각해보면 그 대상이 부동산만 아니라면 세금을 줄일 수 있는 방법이 있다는 것이다. 이것이 요즘 유행처럼 임대업계에 번지고 있는 이른 바 '임대법인으로의 전환'이다. 즉 부동산을 주식으로 바꾸는, 개인의 임대사업을 법인의 임대사업으로 전환하는 것이다.

시가에 따라 자산가치로만 평가

법률에 따라 자산가치와 수익가치를
가중평균하여 평가

　상식적으로 개인이 임대업을 하는 것이나 법인이 임대업을 하는 것이나 똑같은 부동산을 가지고 동일한 임대사업을 하는 것인데, 도대체 왜 세금이 줄어든다는 것인지 의문을 가질 수 있다.

　그런데 여기서 우리가 알아야 할 것은 개인이 임대사업을 하는 경우와 법인이 임대사업을 하는 경우, 상속이 이루어지는 시점에서 상속인에게 돌아가는 재산이 다르다는 것이다. 즉 개인이 임대사업을 하는 경우에는 상속시점에 '부동산'으로 상속인에게 상속이 이루어지지만, 법인이 임대사업을 하는 경우에는 상속시점에 '주식'으로 상속된다. 부동산은 법인이 갖고 있고 피상속인은 그 부동산을 갖고 있는 법인의 주식을 갖고 있기 때문이다.

부동산이 주식으로 바뀐다면 부동산을 평가하는 방법과는 차별화된 주식 고유의 평가방법에 따라 주식의 가치가 계산된다. 이는 앞선 사례에서 언급한 수익가치와 자산가치를 가중평균하여 계산하는 방법을 말한다. 여러분이 수익가치를 어떻게 계산하고 자산가치를 어떻게 계산하는지 구체적으로 알 필요까지는 없다. 하지만 큰 틀에서 주식의 가치를 산출하는 방법은 이해하고 있어야 한다.

일반적으로 법인의 총자산에서 부동산이 차지하는 비율이 50%가 되지 않는다면 수익가치와 자산가치의 가중치를 각각 60%와 40%를 곱하여 주식의 가치를 평가한 뒤, 평가액과 자산가치의 80%를 곱한 금액 중 큰 금액으로 평가한다. 하지만 법인의 총자산에서 부동산이 차지하는 비율이 50% 이상 된다면 수익가치와 자산가치의 가중치를 각각 40%와 60%로 곱하여 주식의 가치를 평가한 뒤, 평가액과 자산가치의 80%를 곱한 금액 중 큰 금액으로 평가한다. 그리고 법인의 총자산에서 부동산이 차지하는 비율이

80% 이상이 되는 경우에는 수익가치를 전혀 반영하지 않고 자산가치로만 평가한다. 즉 법인의 총자산에서 부동산이 차지하는 비율이 높아지면 높아질수록 자산가치에 가중치를 높게 설정해 주식의 가치를 평가하는 것이다.

예를 들어, 1억짜리 부동산이 주식으로 바뀐다면 그 법인의 총자산에서 부동산이 차지하는 비율에 따라 주식의 가치는 8천만원이 될 수도, 1억이 될 수도 있다. 물론 이렇게 평가할 때는 수익가치가 자산가치보다 작아야 한다라는 전제가 있다.

이와 같이 주식의 경우에는 부동산과 달리 가치 차이가 크게 발생할 수 있다. 왜냐하면 부동산은 자산가치로만 평가되지만 주식은 자산가치뿐만 아니라 수익가치도 반영해 평가하기 때문이다. 즉 수익가치가 낮으면 낮을수록 주식가치의 가액은 낮아질 수 밖에 없다.

부동산 비율	80% 미만	80% 이상
수익가치	자산가치보다 작음	자산가치보다 작음
자산가치	100,000,000원	100,000,000원
1주당 평가액	80,000,000원	100,000,000원

※ 법인의 총자산에서 부동산이 차지하는 비율에 따라 해당 주식은 주식이 아니라 부동산 그 자체로 평가될 수 있다. 따라서 법인의 총자산에서 부동산이 차지하는 비율을 줄이는 것이 핵심이다.

　물론 법인의 총자산에서 부동산이 차지하는 비율이 최소한 80% 미만이어야 수익가치를 반영할 수 있기 때문에 부동산을 주식으로 바꾸는 솔루션은 의미가 있다. 그리고 반대로 수익가치가 매우 높다면 오히려 주식의 총 가치는 부동산의 가치보다 높게 평가될 수도 있다. 하지만 이 부분을 크게 걱정할 필요없다. 왜냐하면 법인의 총자산에서 부동산이 차지하는 비율을 80% 아래로 조절할 방법이 없다던가, 수익가치가 매우 높을 것으로 예상된다면 부동산을 주식으로 애초에 바꾸지 않을 것이기 때문이다.

　이번 사례에서 S 대표는 자신이 갖고 있는 부동산을 모두 현물출자*하여 하나의 임대법인으로 전환했다. S 대표가 가지고 있는 부동산이 대략 100억 정도였으니 앞으로 S 대표가 법인을 어떻게 운영을 하느냐에 따라서 주식의 가치는 최소 80억이 될 수도, 오히려 부동산의 가치보다 더 큰 100억이 넘을 수도 있다.

　S 대표는 주식가치가 부동산의 가치보다는 하락할 것으로 예상했다. 최소한 부동산의 비율이 80%가 넘지는 않을 것으로 생각했기 때문이다. 특히, 임대사업 외에 다른 사업을 같이 하고 있는 경우에는 법인의 총자산에서 부동산이 차지하고 있는 비율을 쉽게 낮출 수 있다. 임대법인을 통해 다른 사업을 함께 운영하면 되기 때문이다.

---

* 주주가 금전 이외의 현물로써 출자하는 경우를 말한다. 예를 들어, 금전이 아닌 부동산, 채권 또는 영업권 등의 현물로 출자하는 경우다. 현물출자는 금전출자의 원칙에 대한 예외다.

세무조사

개인의 임대사업을 법인의 임대사업으로 전환하는 것은 일반적인 법인전환과 다를 바 없다. 통상적으로 법인전환은 법인으로 전환하는 시점에서 양도소득세가 발생하고 법인이 부동산을 취득하면서 취득세를 다시 내야 하는 문제로 인해 세제혜택을 받을 수 있는 현물출자 또는 포괄사업양수도*를 통해 이루어진다. 세제혜택을 받을 수 있는 방법을 통해 법인으로 전환되면 양도소득세는 나중에 법인이 부동산을 처분하는 시점에 낼 수 있고, 취득세 또한 감면을 받을 수 있다. 하지만 취득세 감면분에 대한 농어촌특별세는 내야 한다.

따라서 개인의 임대사업을 법인의 임대사업으로 전환하는 경우에는 일반적인 법인전환에 대한 세무조사의 내용과 차이가 없다. 일반적으로 법인전환을 하는 경우 주의해야 하는 점은 크게 두 가지로 요약할 수 있다. 바로 법인으로 전환하는 과정에서의 문제와 법인으로 전환 후 운영과정에서의 문제다.

법인으로 전환하는 과정에서 발생하는 대표적인 문제는 앞서 언급한 양도소득세 이월과세** 문제와 취득세 감면 문제이다. 현물출자가 되었건 포괄사업양수도가 되었건 두 방법 모두 원칙적으로는 개인이 법인에 부동산을 처분한 것으로 보기 때문에 양도소

---

* 해당사업과 관련한 모든 자산 및 부채, 권리와 의무를 포괄하여 인수하는 것을 말한다.

** 본래는 지금 당장 납부하여야 하나 실제 납부시기를 일정한 조건을 성취한 때로 미뤄주는 것을 말한다.

득세가 발생하고, 법인이 부동산을 새로 취득했기 때문에 취득세도 발생한다.

만약 개인기업을 법인기업으로 전환하는 과정에서 발생하는 양도소득세와 취득세에 대한 문제를 법률이 해결해주지 못한다면 법인으로 전환하려고 하는 사람을 찾아보기 어려울 것이다. 왜냐하면 이 세금들이 만만치 않게 발생하기 때문이다. 논리적으로 따져보아도 법인전환은 개인기업의 형태를 법인기업의 형태로 바꾸는 것에 불과한데, 개인기업 형태에서 운영하는 것과 완전히 동일한 사업을 법인기업의 형태로 바꾼다고 해서 이 세금들을 그대로 부과한다면, 제도적 미비로 인해 시장환경의 변화에 따라 유동적으로 기업의 구조를 개선해 나가야 하는 기업에게 오히려 걸림돌이 된다고 할 것이다.

따라서 우리나라 세법에서는 현물출자 또는 포괄사업양수도를 통해 개인기업을 법인기업으로 전환하는 경우에는 원활한 기업구조 개선을 지원할 목적으로 양도소득세를 이월과세하고 취득세를 감면해주는 세제혜택을 두고 있다. 다만, 취득세 감면분에 대한 농어촌특별세 20%는 부담해야 한다.

하지만 당장 농어촌특별세를 부담해야 한다 해도 납세자 입장에서는 결코 손해가 아니다. 왜냐하면 지금 부동산을 법인으로 전환하지 않아도 언젠가 결국 상속을 해야 할 텐데, 상속시점에서는 3%의 취득세를 자녀가 부담해야 하기 때문이다. 즉 나중에 상속시점에서 3%의 취득세를 내는 것보다 법인으로 전환하는 시점에 취득세를 감면 받고 농어촌특별세를 내는 것이 더 적게 세금을 부담한다는 것이다.

물론 법인으로 전환하는 시점에 부담하는 농어촌특별세는 취득세가 중과되는지 여부에 따라 다소 달라질 수 있지만, 어떤 경우에도 상속시점에 내야 하는 취득세 3% 보다는 적게 산출된다.

부동산의 소재지가 취득세 중과지역이 아닌 경우

농어촌특별세(취득세 4%×20% = 0.8%) 〈 상속시 취득세(3%)

부동산의 소재지가 취득세 중과지역인 경우

농어촌특별세(취득세 4%×3배 x 20% = 2.4%) 〈 상속시 취득세(3%)

따라서 법인으로 전환하는 과정에서 농어촌특별세를 내야 한다는 점은 법인전환의 장애물이 될 수 있다. 그러나 일단 법인으로 전환하면 상속시점에는 자녀에게 부동산이 아니라 주식을 상속하기 때문에 취득세를 내지 않아도 된다. 즉 나중에 자녀가 내야 할 취득세를 지금 내가 먼저 대신 내줬다고 생각해도 된다. 훨씬 저렴한 세금을 부담하면서 말이다.

양도소득세 이월과세와 취득세 감면은 납세자에게 굉장히 큰 도움이 되는 조세혜택이다. 그래서 이러한 조세혜택을 받기 위해 법에서 규정하는 몇 가지 요건을 갖춰야 한다. 그리고 추후 이러한 요건을 갖추었는지 세무조사를 통해 검증이 이루어진다. 하지만 납세자 입장에서는 크게 걱정할 필요없다. 어차피 법인전환은 대부분 전문가의 자문을 통해 이루어질 수 밖에 없기 때문이다. 따라서 법인으로 전환하는 과정에서 문제가 발생했다면 그것은 순전히 그 업무를 담당한 전문가의 책임이다. 전문가에게 손해배상 등의 책임을 물으면 된다.

법인으로 전환과정에서의 문제는 의뢰인 입장에서 본다면 농어촌특별세가 발생한다는 것과 전문가 수수료가 발생한다는 것이 문제지 세무조사를 통한 문제는 거의 없다. 하지만 법인을 운영하는 과정에서의 문제는 법인으로 전환하는 과정에서의 문제와는 차원이 다르다. 즉 문제가 크게 발생할 수 있고 그 원인도 의뢰인에게 있다. 따라서 잘 알고 있어야 한다.

법인전환과 관련해 실무적으로 세무조사를 통해 문제가 되었던 내용을 정리한다면 크게 세 가지 정도로 요약할 수 있다. 첫째, 포괄적으로 개인기업의 자산 및 부채가 법인기업으로 이전된 것이 맞는지, 둘째, 법인의 자본금이 개인기업의 순자산가액*(자산-부채) 이상이 되는지, 셋째, 사후관리요건을 위배하였는지 여부다.

전환과정에서의 문제 I

포괄적으로 자산 및 부채가 이전되었는지 여부

개인기업을 법인으로 전환하면서 양도소득세와 취득세에 대해 조세혜택을 주는 것은 개인기업이 법인기업이라는 형태로 껍데기

---

* 자산에서 부채를 차감한 가액(자산 − 부채 = 순자산가액).

만 바뀌었을 뿐 사업의 본질은 달라지지 않기 때문이다. 따라서 개인기업의 모든 자산과 부채가 그대로 법인기업에 승계되어야 한다.

실무적으로 가장 빈번하게 문제로 지적되는 것이 바로 개인기업의 자산 중 일부를 누락하는 경우다. 예를 들어, 개인기업의 현금성자산을 빼고 법인으로 전환하거나 법인의 자본금을 낮추기 위해 개인기업 상태에서 대출을 받은 후 차입한 현금을 제외한 채 나머지의 자산과 부채만 법인기업에 승계하는 경우다.

이와 관련하여 일부 전문가들은 개인기업의 현금은 어차피 기업의 현금이 아닌 개인의 현금이기 때문에 회계적으로 제외하고 나머지 자산 및 부채만 법인기업에 승계해도 포괄적으로 승계된 것이므로 아무런 문제가 없다고 주장한다. 그러나 법원과 조세심판원에서 현금을 제외한 경우에는 모든 자산 및 부채가 포괄적으로 승계된 것이 아니라는 취지의 결정을 내려, 이월과세된 양도소득세를 추징하고 감면된 취득세를 다시 부과한 사례가 있어 주의할 필요가 있다.

전환과정에서의 문제 Ⅱ

법인기업의 자본금이 개인기업의 순자산가액 이상이 되는지 여부

양도소득세 이월과세 및 취득세 감면이라는 조세혜택을 받기 위해서는 반드시 법인으로 전환 후, 법인기업의 자본금이 법인으로 전환 전 개인기업의 순자산가액 이상이 되어야 한다.

상식적으로 법인전환 전, 개인기업의 모든 자산 및 부채를 빠뜨

리지 않고 올바르게 법인기업으로 승계했다면 당연히 개인기업의 순자산가액이 법인기업의 자본금이 되기 때문에 이점이 왜 문제가 될까 하는 의구심을 품을 수 있다. 하지만 법인으로 전환하는 과정에서 자산 및 부채의 평가가 잘못 이루어진다면 충분히 문제 될 수 있다. 특히 현물출자는 반드시 법원의 인가를 얻어야 하는 과정이 필요한데, 이 단계에서 드물지만 차이가 발생하는 경우가 생긴다.

또한 법인전환 후 새로운 법인이 발행할 주식의 수를 산정하면서 단수차이로 인해 법인기업의 자본금이 개인기업의 순자산가액보다 작아지는 경우도 간혹 발생하곤 하는데, 단순히 단수차이에 의한 것이라면 비록 법인기업의 자본금이 개인기업의 순자산가액보다 작아진다 하더라도 양도소득세 이월과세 및 취득세 감면을 적용할 수 있다는 것이 법원의 일관된 입장이므로 크게 걱정할 필요없다.

운영과정에서의 문제

사후관리요건을 위배하는 경우

양도소득세 이월과세 및 취득세 감면이라는 조세혜택을 받으면 법인기업을 운영하며 의뢰인이 반드시 준수해야 하는 사항이 있다.

예를 들어, 법인의 설립일부터 5년 이내에 개인기업으로부터 승계 받은 사업을 폐지하거나 법인전환으로 취득한 주식의 50% 이상을 처분하는 경우에는 이월과세된 양도소득세를 2개월 이내에 납부해야 한다. 또한 개인기업으로부터 승계 받은 사업을 2년 이내에 폐업하거나 승계 받은 부동산을 2년 이내에 임대 또는 처분하는 경우에는 당초에 면제 받은 취득세가 추징된다.

즉 법인으로 전환하는 과정에서 조세혜택을 받기 위해 노력했던 모든 수고가 운영하는 과정에서의 사소한 실수로 인해 모두 물거품 될 수 있다. 따라서 운영과정에서의 발생할 수 있는 문제는 의뢰인도 정확하게 알고 있어야 예방할 수 있다.

또한 운영과정에서의 문제도 의뢰인의 세무대리인이 관심을 갖는다면 예방할 수 있다. 하지만 세무대리인도 의뢰인의 모든 사정을 알지 못할 때가 있고 의뢰인이 세무대리인에게 자문을 구하지도 않은 채 자산을 처분하는 결정을 내리는 경우도 있기 때문에, 운영과정에서의 문제에 대해 의뢰인이 보다 많은 관심을 갖는 자세가 필요하다.

법인전환은 생각보다 어려운 업무 중 하나다. 굳이 설명하지 않았지만 위에서 언급한 문제 외에도 '법인 사업자등록 문제, 인 · 허가 사업의 경우 법인이 개인기업의 인 · 허가를 승계할 수 있는지에 대한 문제, 주요 채권자 통지 문제' 등 세법상 문제가 아닌 다른 분야에서 발생하는 문제도 있다. 그래서 경험이 매우 중요하다. 만약 법인전환을 고려한다면, 더욱이 그것이 현물출자라면 전문가 선정에 신중을 기해야만 한다. 전문가만 잘 선정해도 위에서 언급한 대부분의 문제를 예방할 수 있다.

※ 개인의 임대사업을 법인의 임대사업으로 전환하면 부동산이 아닌 주식을 자녀에게 증여하거나 상속하는 것이기 때문에 주식평가방법의 특성을 활용하여 증여세나 상속세를 줄일 수 있다.

※ 개인기업을 법인기업으로 전환하는 경우, 일정한 방법에 의하면 양도소득세 이월과세 및 취득세 감면의 조세혜택을 받을 수 있다. 이 경우 취득세 감면분에 대한 농어촌특별세가 발생하지만, 나중에 상속시에 자녀가 내야 하는 취득세보다는 무조건 적기 때문에 법인으로 전환하는 것이 보다 유리하다.

※ 개인기업을 법인으로 전환하면서 양도소득세 이월과세 및 취득세 감면의 조세혜택을 받았다면, 운영과정에서 발생할 수 있는 문제를 반드시 숙지하여 향후 발생할 수 있는 조세혜택 취소의 위험을 예방하는 것이 매우 중요하다.

고기도 먹어본 놈이 고기맛을 안다. 그럼 세금은?

이제껏 만나본 대부분의 땅 부자들은 굉장히 조심스러운 것 같다. 가령, 임대업을 제외한 사업을 하는 사람들은 종합소득세나 법인세나 부가가치세 등 세금 문제를 자주 접하기 때문에 세금에 대해 누구보다 잘 알고 있다. 즉 자칫 잘못하면 세금 때문에 큰 문제가 생길 수도 있다는 사실을 안다는 것이다. 반면 주로 임대업을 하는 사람들은 상대적으로 세금 문제를 자주 접하지 못하기 때문에, 세금에 대한 거부감이 훨씬 강하고 세금 내기를 정말 싫어한다.

물론 나도 세금을 내는 것이 즐겁지는 않다. 하지만 그들은 그 정도가 훨씬 심하다. 세금도 많이 내 본 사람이 안다고, 세금을 내보지 않을수록 피하려는 경향이 강한 것 같다.

그래서 그런지, 땅 부자들은 보다 파격적이고 혁신적인 절세방법을 찾으려고 고민한다. '조금 더 줄일 수 있는 방법이 있지 않을까' 하는 생각에 계속 미룬다. 그러다 결국 50%의 세금을 낸다. 물론 모두 그런 것은 아니지만 땅 부자들이 상속세로 인해 문제되는 경우가 다른 경우에 비해 많은 것은 사실이다.

명심하라! 머뭇거리다가 제일 많이 낸다. 세상에 안전하면서 파격적인 방법은 없다. 일반적으로 다른 사람들이 가장 많이 선택하는 방법이 위험도 적고 효과도 좋다. 그러는 데에는 다 그럴만한 이유가 있다.

과연 부동산은 절대로 세금을 줄일 수 없을까? Ⅱ

상속이나 증여와 관련한 컨설팅 업무를 하다 보면 고객의 상황에 따라 효과가 아주 좋은 솔루션을 찾을 때도 있지만 불행히도 그렇지 못한 경우도 있다. 심지어 절세 방법을 찾는 것이 거의 불가능한 경우도 있다.

절세가 어렵다고 판단되는 경우는 대게 비슷하다. 가령 의뢰인이 고령이라 시간적으로 매우 촉박하다거나, 재산 대부분이 부동산 또는 의뢰인이 사업을 하고 있지 않는 경우라면 상속세나 증여세를 절세할 수 있는 솔루션을 찾기가 쉽지 않다. 이 세 가지 조건이 모두 해당되면 증여세나 상속세를 줄일 수 있는 방안을 마련하는 것은 거의 불가능하다.

하지만 그중에서도 가장 걸림돌이 되는 것은 바로 '시간'이다. 아무리 솔루션을 찾기 어려운 상황에서도 시간만 있다면 얘기는 달라진다. 사업을 하고 있지 않아도, 재산의 대부분이 부동산이라도, 시간만 충분하면 물론 쉽지는 않지만 어쨌거나 솔루션을

찾을 수 있다. 특히 재산의 규모가 크면 클수록 얼마나 많은 시간이 남아있는지에 따라 절세의 성패가 달려있다.

이번에 소개할 사례가 그렇다. 시간만 있으면 악조건 속에서도 얼마나 좋은 솔루션을 찾을 수 있는지 알려주는 사례다. 아마 충격을 받을 수도 있다. 그만큼 굉장한 솔루션이다.

이번 사례를 소개할지 말지에 대해 고민이 많았다. 부동산에 대한 상속세 솔루션 중 이만큼이나 놀라운 솔루션을 찾아보기 쉽지 않기 때문이다. 국세청 입장에서 이후 개정 등을 통해 이 방법을 막지 않을까 하는 염려도 뒤따른다. 기대되는가? 기대해도 좋다!

사 례

D 씨(50세)는 지금까지 만났던 의뢰인 중 재산이 탑 3 안에 드는 자산가였다. 그는 인천에서 법인기업을 운영하는 최대주주이자 대표이사였는데 회사주식과 부동산을 포함, 재산이 약 3천억이 넘었다.

의뢰인은 부모로부터 재산을 상속받았다. 그러나 당시 부모님이 갑자기 돌아가셔서 절세방안을 준비할 틈도 없이 엄청난 상속세를 낸 경험이 있었다. 그래서 늘 자녀에게 상속할 때는 상속세에 대한 절세계획을 미리 준비를 해야 한다는 강박에 시달렸다.

그는 나를 만나기 전에 이미 많은 전문가를 만나 재산별 절세솔루션을 마련한 상태였다. 현금성자산은 자녀들이 상속세를 낼 수 있도록 어느 정도 보유했고, 회사주식은 나름의 방법을 계획하여 이미 실행 단계에 접어든 상태였다. 하지만 부동산에 대해서는 뾰족한 수를 찾지 못했다.

D 대표처럼 재산을 많으면 많을수록 당연히 상속세를 내야한다. 그의 재산은 어떤 수를 쓰더라도 상속세를 전혀 내지 않을 수 없는 규모다. 다만, D 대표는 상속세를 조금이라도 줄일 수 있는 방법을 고민할 뿐이었다. 그도 그럴 것이 워낙 거액의 상속세가 발생하기 때문에 조금만 줄여도 최소한 고급 외제차 한 대나 작은 아파트 한 채 정도는 아낄 수 있었다. 그래서 그런지 D 대표는 이

미 증여세와 상속세 분야 전문가나 다름 없었다.

D 대표의 상황을 정리하면 재산은 약 3천억 정도, 그리고 대부분은 회사주식과 부동산이었다. 회사주식은 이미 본인이 솔루션을 선택하여 실행 중에 있었지만 부동산은 마땅한 방법을 찾지 못했다.

그는 상당히 부담스러운 고객이었다.

나는 D 대표에게 물었다.

"대표님, 현재 어떤 사업을 하고 계시나요? 최대한 자세히 설명 부탁드립니다."

"우리는 제조업을 하는 회사라면 반드시 필요한 설비를 제조한다네. 일부 제품은 수출하지만 대부분은 국내에서 판매되는 제품이지."

"아까 회사에 들어올 때 보니까 재고가 상당한 것으로 보이던데 왜 그런가요?"

"저기 보이는 야적지에 보관된 제품 말고도 재고는 상당히 많네. 우리 회사 제품 자체가 완충재고를 상당한 수준으로 유지할 수 밖에 없거든. 그래서 회사 내 창고 외에도 다른 창고를 임차해서 많이 보관하고 있지."

나는 D 대표의 이야기를 듣고 잠시 생각했다. 그리고 질문을 이어나갔다.

"갖고 있는 부동산은 모두 임대 중인가요?"
"부동산의 소재지는 어디인가요?"
"부동산 중 개발을 할 만한 땅도 있나요?"
"부동산을 앞으로 어떻게 하실 건가요?"
"특히 나대지인 땅은 등기부등본상 지목이 어떻게 되나요?"

D 대표는 본인이 갖고 있는 부동산들에 대해 설명했다. 그때 내 머리를 번쩍이게 하는 땅이 있었다. 그것은 회사 인근에 있는 나대지였는데 D 대표는 취득 당시보다 시세가 많이 올라 처분하거나, 그대로 두었다 가격이 더 오르기를 기다렸다. 또 추후 적절하게 개발해서 처분하는 방안도 염두하고 있었으며, 정 안되면 부동산은 상속이 절세에 가장 좋은 길이라는 기본적인 상속세 절세방안에 따라 자녀에게 상속까지 고려하고 있었다.

'음… D 대표는 큰 나대지 땅을 보유하고 있고, 회사는 영업의 특성상 충분한 완충재고를 항상 보유하고 있어야 하고… 그리고… 이 땅에 대한 상속세도 절세할 수 있어야 한다면…'

'음… D 대표는 큰 나대지 땅을 보유하고 있고,

회사는 영업의 특성상 충분한 완충재고를 항상 보유하고 있어야 하고…

그리고…

이 땅에 대한 상속세도 절세할 수 있어야 한다면…'

이때, 뇌리를 스치는 세법 규정이 떠올랐다.

"대표님. 그 나대지 땅은 무조건 창고를 지어 창고업으로 운영
하십시오!"

D 대표는 조언을 전혀 이해하지 못했다. 물론 설명을 듣기 전
까지는 그랬다.

D 대표가 나대지 위에 창고를 지어 창고업을 운영한 뒤
세법상 일정한 요건을 갖추게 되면 그의 자녀는 최대
500억까지 상속세를 한 푼도 내지 않아도 된다. 무려 500억! 1억,
2억도 아니고 어떻게 500억에 대해 전혀 상속세를 내지 않을 수 있
겠냐고 반문할 수 있겠지만 현재의 세법이 그렇다.

상속세를 절세할 수 있는 가장 좋은 방법은 D 대표가 한대로
'가업상속공제*'를 활용하는 것이다. 가업상속공제는 가업을 상
속받는 상속인의 상속세를 일정 수준까지 면제해줌으로써 원활한
가업승계를 지원하겠다는 취지로 탄생한 제도다. 따라서 상속세
를 면제해주는 폭이 상당히 크다. 결국 상속세 절세방안에 있어
서 가업상속공제를 적용 받을 수만 있다면 그렇게 하는 것이 무조
건 유리하다.

이와 같이 상속세를 무지막지하게(?) 줄여주는 효과로 인해 현

___

* 자세한 내용은 보론 참조

재 가업상속공제를 확대할 것인지 아니면 축소할 것인지를 놓고 의견이 분분하다. 축소해야 한다는 주장을 살펴보면 너무 많은 세금을 감면해준다는 것이다. 공평한 세부담을 하지 않기 때문에 세법의 대원칙인 공평과세가 실현되지 않는다는 것이다. 반대로 확대해야 한다는 주장을 살펴보면, 사회 전체적으로 가업승계는 유익을 주는 측면이 더 많다는 것이다.

상속인에게 상속세를 부과해서 가업을 잇지 못해 회사가 없어지는 것보다 상속세를 면제해주더라도 가업을 이어받아 회사를 운영하는 것이 사회적으로 보다 유익하다는 주장이다. 상속세가 면제되어도 회사가 존속함으로써 법인세, 소득세, 부가가치세 등 다른 세금을 많이 낼 수 있고 이러한 세금을 합한 것이 면제받은 상속세보다 훨씬 더 많기 때문에 세수상 국가의 이익이 더 크다는 논리다. 게다가 세금을 낸다는 것은 부가가치 창출을 의미하며, 이는 곧 고용창출로 이어진다.

나는 가업상속공제 확대를 지지하는 입장이다. 특정한 개인에 대한 세금감면의 혜택이 상당히 커서 공평과세가 구현되지 않는다고 생각할 수 있지만, 사회 전체에 주는 유익이 더 크기 때문에 충분히 이러한 희생을 감내할 수 있다.

어쨌거나 가업상속공제는 아주 막강한 상속세 절세 방법임에는 틀림없다. 따라서 법률에서는 몇 가지 요건 및 사후관리 요건을 엄격하게 규정하고 있다. 따라서 이것을 충족시키고 상속공제 이후 사후관리 요건을 준수하는 것이 굉장히 중요하다.

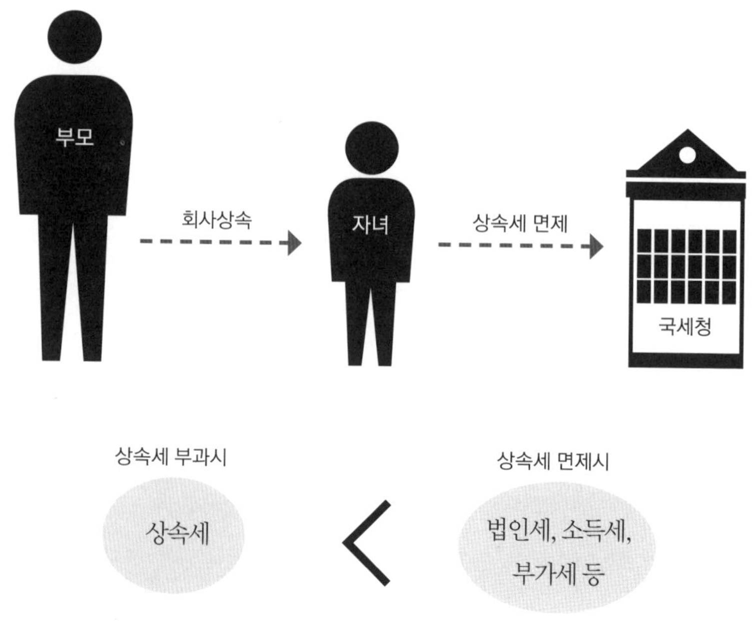

가업상속공제를 통해 상속세를 면제해준다면 기업을 존속시킴으로서
고용을 창출할 수 있고 세금도 더 많이 걷을 수 있다.

가업상속공제 요건 중에서 가장 까다로운 부분은 바로 '업종'과
관련한 부분이다. 특히 '부동산임대업'의 경우에는 공제대상에서
배제된다. 즉 가업상속공제를 받을 수 없다. 따라서 부동산을 많
이 갖고 있는 사람들은 상속세를 낼 수 밖에 없는 처지에 놓인다.
그도 그럴 것이 가업상속공제의 입법취지에서 엿볼 수 있는 것처
럼 부동산임대업은 상속세를 면제해주는 희생에 비해 사회에 주는

유익이 크지 않기 때문이다.

하지만 '창고업'은 다르다. 세법에서는 가업상속공제 대상 업종에 포함하여 규정하고 있기 때문에 상속세를 감면 받을 수 있다. 솔직히 부동산임대업이나 창고업이나 사회 전반에 영향을 미치는 부가가치를 놓고 본다면 큰 차이가 없다. 물론 창고를 운영, 유지 및 관리하기 위해서는 부동산임대업보다는 부가가치나 고용창출 측면에서 보다 기여하는 바가 크다고 볼 수 있지만, 문제는 '얼마나' 더 기여하는지 여부다. '창고업'에 대해 상속세를 감면해주는 효익이 과연 사회에 기여하는 유익보다 큰 가치가 있을지 의문이다.

결론적으로 D 대표는 나대지를 창고업으로 활용하면 최대 500억까지 전혀 세금을 내지 않을 수 있다. 물론 가업상속공제의 요건을 충족한다는 조건하에서다. 그가 요건을 충족시키기 위해서는 최소 10년 이상 창고업을 운영해야 한다. 10년 이상 운영하면 200억, 15년 이상 운영하면 300억 그리고 20년 이상 운영하면 500억을 한도로 상속세가 면제된다.

10년은 상당히 긴 시간이다. 하지만 서두에서 언급한 것처럼 '시간'이 없으면 이와 같이 큰 효과는 절대 적용할 수 없다. 그만큼 증여나 상속에서 '시간'은 절대적으로 중요한 요소다.

사실 이번 솔루션은 D 대표 입장에서 상속세만 줄여준 솔루션이 아니다. D 대표가 직접 창고업을 운영하는 것이 본인뿐 아니라 회사에게도 훨씬 이득이 되기 때문이다.

이러한 근거는 D 대표가 운영하는 회사의 특징에서 찾을 수 있다. D 대표의 회사는 완충재고를 상당한 수준으로 보유하고 있어야 하기 때문에, 이미 제3자를 통해 창고를 임차해서 사용하고 있었다. 즉 그의 나대지 땅을 활용해서 창고를 새로 짓는다면 굳이 제3자에게 창고를 빌릴 필요가 없다. 이는 회사 비용의 절감으로도 이어질 수 있다. 게다가 회사 재고를 직접 통제하고 관리할 수 있기 때문에 보다 효율적인 재고관리도 가능해진다. 하나의 솔루션으로 세 가지의 효익을 얻은 셈이다.

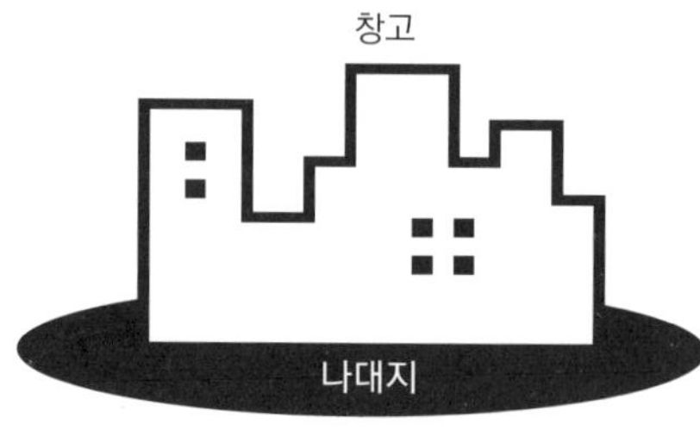

D 대표의 고민을 해결해준 솔루션은 그가 운영하는 회사의 특징을 절묘하게 접목시킨 결과다. 효과적인 솔루션은 절세라는 하나의 목표만 생각해 검토할 것이 아니라 주변에 주어진 다양한 변수를 적절하게 고려했을 때 나올 수 있다.

세무조사

가업상속공제는 피상속인이 적용 받는 것이 아니라 상속인이 상속세를 신고하면서 신청하는 것이다. 즉 D 대표처럼 가업상속공제를 염두해 창고업을 운영해도 그 기간 동안에는 세무조사가 이루어질 수 없다. 세무조사는 상속인이 상속세를 신고하는 시점에서 이루어진다.

가업상속공제를 적용 받기 위해서는 딱 세 가지를 유의해야 한다. 첫째, 가업의 운영기간 동안 발생할 수 있는 세무조사, 둘째, 상속세를 신고하는 시점의 세무조사, 셋째, 가업상속공제 이후에 가업을 영위하면서 발생할 수 있는 세무조사다.

먼저 '가업의 운영기간 동안 발생할 수 있는 세무조사'는 앞서 언급한 특수관계자간 '시가'로 거래했는지 여부가 쟁점이 될 수 있다. 이 부분은 앞서 설명한 내용과 동일하다. 즉 특수관계자간에 거래를 할 때도 제3자와 거래하듯 거래한다면 아무 문제없다. 예를 들어 '창고업'의 경우라면, D 대표 회사에서 종전에 임차했던 창고의 임차료를 기준으로 새로 지은 자신의 창고와 창고임차계약을 맺으면 된다. 또는 새로운 창고에서 다른 사업자에게 창고를 임대하는 경우, 그 임대료를 기준으로 D 대표의 회사와 창고임대차계약을 맺어도 된다.

'상속세를 신고하는 시점의 세무조사'에서 발생할 수 있는 문제와 '가업상속공제 이후에 가업을 영위하면서 발생할 수 있는 세무조사'는 가업상속공제의 요건과 사후관리요건을 준수했는지가 쟁점이다. 그런데 이러한 세무조사는 사실판단의 문제에 불과하다. 실제 그 요건에 해당하고 사후관리요건을 준수하면 문제되지 않는다. 따라서 크게 걱정할 필요없다. 애초에 가업상속공제를 적용받기 수 년 전부터 요건을 갖추기 위한 준비를 하고, 사후관리요건을 위배하지 않도록 관리하면 된다.

Key Point

※상속세를 절세할 수 있는 가장 좋은 방안은 '가업상속공제'를 적용 받는 것이다.

※'부동산임대업'은 '가업상속공제'를 적용 받을 수 없지만 '창고업'은 '가업상속공제'를 적용 받을 수 있다. 따라서 나대지가 있다면 창고업으로 활용해 가업상속공제를 적용 받는 것이 상속세를 줄일 수 있는 가장 좋은 방법이다.

※'가업상속공제'는 강력한 상속세의 절세수단인 만큼 공제요건 및 사후관리요건을 꼼꼼히 따져야 한다. 특히 사후관리요건은 상속이 이루어지고 나서 앞으로 지켜야하는 요건인 만큼 보다 많은 관심을 갖고 관리해야한다.

Q _ 부모가 상속인 1인에게 재산을 전부 상속한 경우

A_간혹 부모가 사망하기 직전에 자녀 1인에게 모든 재산을 증여하거나 유언을 통해 자녀 1인에게 모든 재산을 상속한다는 뜻을 남기는 경우가 있다. 이런 경우 다른 상속인들은 어떻게 할 수 있을까? 그냥 자녀 1인에게 모든 재산이 넘어가는 것을 지켜보고만 있어야 하나? 사실 부모가 사망하기 전에 특정한 1인에게 모든 재산을 상속했다면 그걸로 끝이다. 부모는 자신의 재산을 원하는 대로 처분할 수 있기 때문에 이것에 대해 다른 사람이 문제를 제기 할 수 없다.

하지만 간혹 문제되는 경우가 있다. 가령 사이비종교에 빠져 해당 종교단체에 모든 재산을 상속한다는 유언을 남기고 피상속인이 사망한다면 상속인들의 생계가 위태로워질 수 있다. 이런 문제를 위하여 탄생하게 된 제도가 바로 '유류분'이다.

유류분은 민법상 상속인에게 보장되는 최소한의 상속재산을 말한다. 피상속인이 모든 재산을 상속인 1인에게 유증하고 사망하여 다른 상속인이 피상속인의 재산을 전혀 상속받지 못한 경우, 피상속인의 의사와는 관계없이 고인의 재산 중 일정한 비율을 다른 상속인에게 보장하는 제도다.

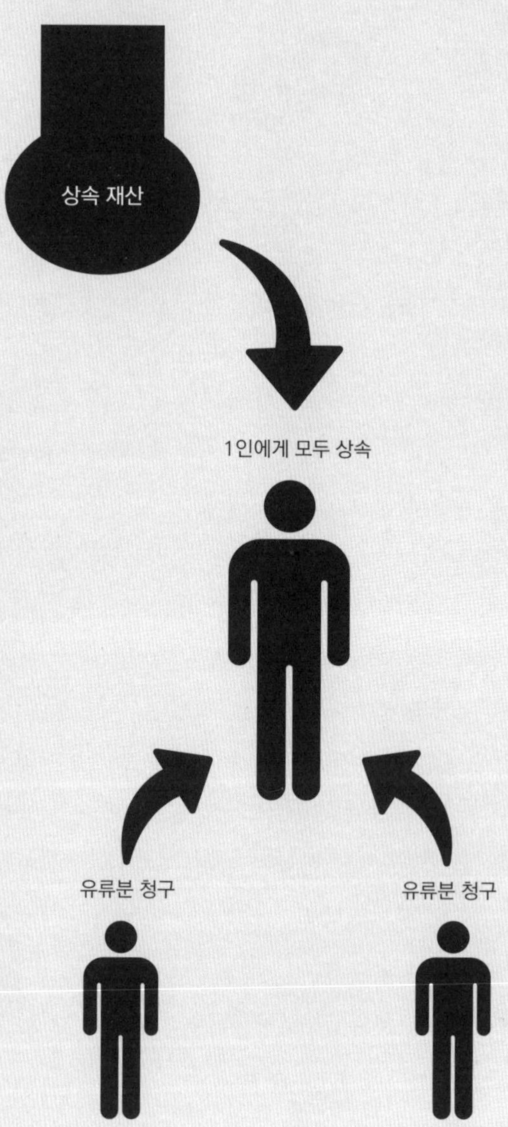

상속 재산
1인에게 모두 상속
유류분 청구
유류분 청구

유류분에 포함하는 증여는 상속개시 전의 1년 이내에 증여까지 포함한다. 다만 피상속인과 재산을 모두 증여 또는 상속받은 1인이 유류분권리자*에 손해를 입힐 것을 알고, 사전에 증여한 경우에는 1년 전이라도 유류분에 포함하는 증여로 본다.

유류분은 상속받지 못한 상속인들이 상속을 받은 1인에게 청구하는 것이다. 사망한 피상속인은 무관하다. 이것을 혼동해서는 안된다.

유류분은 주장할 수 있는 기간도 정해져 있기 때문에 반드시 주의가 필요하다. 민법 제1117조에 따르면 "반환의 청구권은 유류분권리자가 상속의 개시와 반환하여야 할 증여 또는 유증을 한 사실을 안 때로부터 1년 내에 하지 아니하면 시효에 의하여 소멸한다. 상속이 개시한 때로부터 10년을 경과한 때도 같다."고 규정하고 있기 때문에 최소한 증여 또는 유증을 한 사실을 안 때로부터 1년 이내에 상속재산의 전부를 상속받은 상속인 1인에게 청구해야 한다.

이렇게 유류분을 청구해 재산 일부를 되찾았다면 다행이지만 아직 완전히 문제가 해결된 것은 아니다. 세금문제가 남아있기 때문이다. 특히 부동산과 같은 현물로 사전에 증여가 이루어진 경우라면 더욱 주의가 필요하다. 유류분 반환의 대가로 부동산 또는 부동산의 지분을 반환 받는 것이 아니라 현금으로 반환 받는 경우라면 양도소득세가 발생할 수 있다.

---

* 상속인에게 유류분을 청구할 수 있는 다른 상속인.

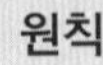

원칙

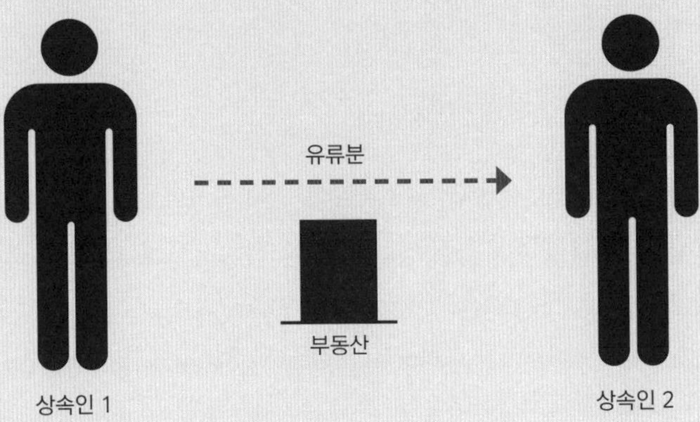

현금반환

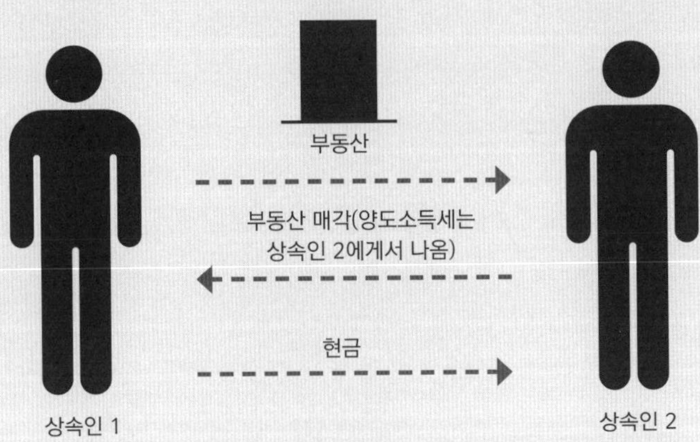

물론 현금으로 반환 받아도 무조건 양도소득세가 부과되는 것은 아
니다. 조세심판원에서는 유류분 반환의 경우 원칙적으로 원물반환[*]
에 의하고 원물반환이 불가능한 경우에는 현금반환[**]에 의하는 것으
로 판단하기 때문이다.

다만, 이 경우 납세자가 원물반환이 불가능하여 현금반환에 의하
였다는 사실을 입증해야 한다. 그런데 유류분청구소송 진행 중 조정
이나 협의를 통해 단순히 현금반환에 의하는 경우, 원물반환이 불가
능하다는 사실을 입증하기 어렵다. 따라서 소송이 진행되는 과정에
서 반드시 원물반환이 불가능하여 현금으로 반환한다는 점을 명확히
해야 양도소득세 부과를 피할 수 있다.

[참고] 유류분 비율
배우자와 직계비속은 법정상속분의 1/2
직계존속과 형제자매는 법정상속분의 1/3

---

[*] 유류분 청구의 대상이 되는 해당 상속재산. 예를 들어 당초 상속재산이 부동산이라고 한다
면 해당 부동산 자체를 말한다.
[**] 유류분 청구의 대상이 되는 해당 상속재산 대신 현금으로 유류분의 대가를 받는 경우. 예
를 들어 당초 상속재산이 부동산이라고 한다면 부동산을 반환 받는 대신 현금으로 반환 받
는 경우를 말한다.

08

공동명의로
부동산을 취득하면
절세가 가능하다?

부동산은 앞서 살펴본 바와 같이 증여세나 상속세를 줄이기가 상당히 까다로운 재산이다. 그래서 그런지 생각보다 많은 사람들이 잘못 알고 있는 방법으로 절세를 시도한다. 부동산을 공동명의로 취득하는 경우가 대표적이다. 실제로 내가 최근 세무조사에 대응한 사건도 부부 공동명의로 부동산을 취득해 증여세가 부과된 경우였다. 왜 이렇게 잘못된 방법이 받아들여지게 되었는지 살펴보면 세무조사 문제와 떨어뜨려놓고 설명할 수 없다. 일반적으로 증여세 같은 재산세제의 세무조사는 납세자가

자신해서 신고하지 않는다면, 세무조사 착수까지 통상적으로 상당한 시간이 소요된다. 또 재산 규모가 작은 경우에는 아예 세무조사가 이루어지지 않는 경우도 많다.

즉 증여세를 자진해서 신고해야 하지만 이를 누락해도 세무조사가 이루어지지 않는 경우가 더러 있기 때문에 사람들은 문제가 없다고 착각한다. 더욱이 세금을 탈세할 목적없이 그랬다면 세금을 내야한다는 사실이 오히려 억울할 수도 있다.

사례(세무조사)

나를 찾아온 J 씨(70세)는 오랜 기간 동안 은행에 다니다 정년
퇴직을 했다. J 씨는 퇴직금과 기타 재산을 합해 약 10억 정도를
갖고 있었다.

J 씨는 노후에 생활비를 충당할 월세를 위해 10억을 투자, 원
룸건물을 취득했다. 그는 그 과정에서 그동안 뒷바라지 해주느라
고생한 아내에게 아내 명의로 된 뭔가를 선물해주고 싶었다. 그
래서 J 씨는 해당 원룸건물을 자신과 아내 명의, 즉 공동으로 취
득했다.

매매계약서 요약

지급조건	금액	지급기일
계약금	2억	계약시 지불
중도금	8억	2011년 3월 21일
잔금	10억	2011년 4월 15일
합계	20억	–

대출계약서 요약

대출액	10억
주채무자	J 씨
담보제공인	J 씨 배우자

사실관계 요약

항목	J 씨	J 씨 배우자	비고
부동산	10억	10억	공동소유
대출금	10억	0원	채무자 = J 씨
증여재산가액	해당없음	10억	증여재산가액

※ 사실관계만 보았을 때 J 씨는 배우자에게 대출금 10억의 절반도 부동산과 함께 증여했다는 증거가 없기 때문에 증여재산가액은 부동산의 절반인 10억이 된다.

J 씨는 은행에서 10억을 차입하면서 해당 원룸건물을 담보로 제공했다. 하지만 문제가 있었다. 해당 원룸건물은 J 씨 배우자와 공동소유였기 때문에 배우자가 해당 건물의 담보제공에 동의해야 했다. 물론 J 씨 배우자는 담보제공에 동의했다.

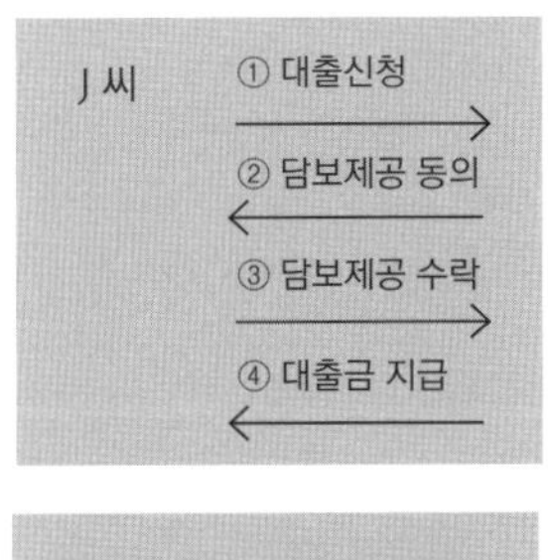

127

그리고 동 원룸건물의 계약을 체결하고부터 약 5년이 지난 2016년 말 즈음 J 씨 배우자는 지방국세청으로부터 자금출처에 대한 소명을 요구하는 세무조사 통지서를 받았다. J 씨 배우자가 해당 원룸건물의 절반의 지분을 취득한 자금의 원천을 밝히라는 내용이었다.

J 씨는 나를 찾아와 도움을 청했다. 그는 강하게 주장했다. 배우자가 도대체 왜 증여세를 내야 하는지 잘 모르겠다는 것이었다. 그는 아내와 거의 40년 가까이 함께 살면서 형성한 재산에 대해 그녀가 절반의 몫을 갖는 것이 당연하다고 여겼다.

나는 그의 이야기에 공감하면서도, 현행 법률은 배우자에게 증여하는 경우 6억을 한도로 증여세가 면세될 뿐 그것을 초과하면, 초과하는 금액에 대한 증여세가 발생한다는 점을 상세히 설명했다. 그러나 J 씨는 이해할 수도, 받아들일 수도 없다고 했다.

사실 여기서 정말 중요한 문제는 따로 있었다. 상식적으로 J 씨의 배우자는 총 20억의 부동산 중 10억을 대출받았기 때문에 실제로는 나머지 10억(20억−10억)의 절반인 5억을 증여 받은 것으로 생각할 수 있다. 하지만 실제 법률관계는 그렇지 않다. 왜냐하면 J 씨 배우자는 주채무자가 아니기 때문에 대출금에 대한 상환의무가 없다. 즉 배우자는 법률관계상 담보제공인에 불과하기 때문에 대출금 10억에 대해서는 변제의무가 없고 이는 20억에서 10억을 차감한 나머지 10억에 대해 50%를 증여 받은 것이 아니라, 20억의 50%에 해당하는 재산을 증여 받았다는 의미가 된다.

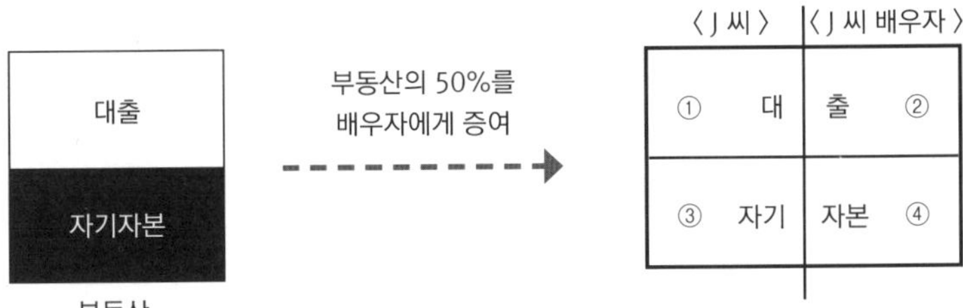

J 씨는 배우자에게 ④를 증여한 것이 아니라 ②+④를 증여한 것이다

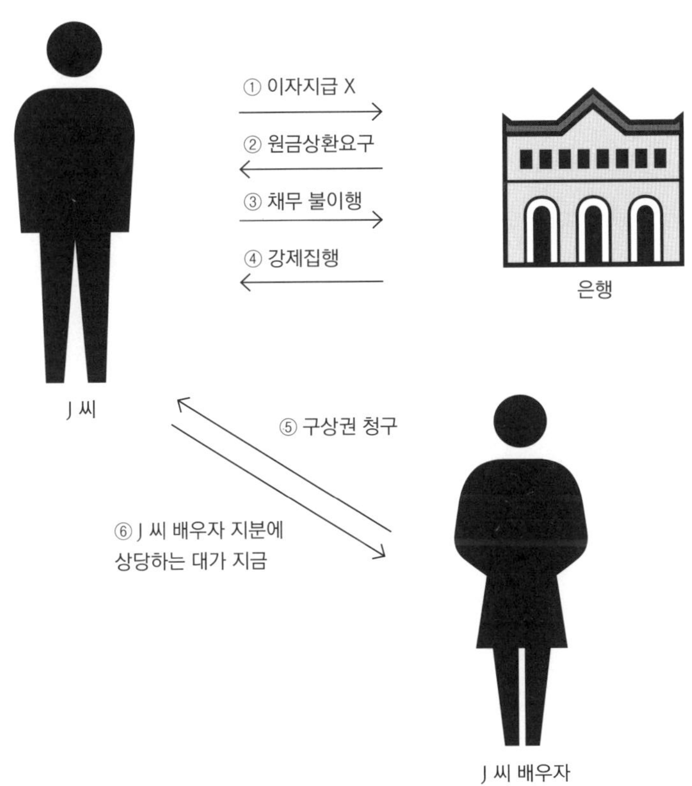

이해가 잘 되지 않는다면 은행에서 차입한 대출금을 갚지 못해 원룸건물이 경매로 처분되는 경우를 가정해보면 쉽다. 예를 들어, J 씨가 대출금을 갚지 못해 해당 원룸건물이 경매로 처분된다면 은행의 대출금부터 변제하게 될 것이다. 하지만 경매로 처분된 매각대금의 절반은 그의 배우자 몫이기 때문에 J 씨는 배우자에게 배우자 몫에 해당하는 돈을 지급할 의무가 있다. 즉 J 씨 배우자가 그의 대출금을 대신 갚아준 셈이다. 따라서 J 씨 배우자는 남편에게 자신이 대신 갚아준 금액만큼 구상권[*] 청구를 할 수 있다.

정리하면 은행에서 돈을 차입한 사람은 J 씨일 뿐이고 그의 배우자는 은행으로부터 대출을 받기 위해 담보를 제공한 사람에 불과하기 때문에 대출금은 J 씨가 전부 갚아야 한다. J 씨는 배우자에게 원룸건물 20억에서 대출금 10억을 제외한 나머지 10억의 절반을 증여한 것이 아니라 원룸건물 20억의 절반인 10억을 증여한 것이다.

---

[*] 타인을 대신해 채무를 변제한 사람이 그것에 대해 갖는 상환청구권. 여기서는 J 씨 배우자가 J 씨의 채무를 자신의 부동산 지분을 희생하면서 대신 갚아주었기 때문에 J 씨를 상대로 구상권 청구가 가능함.

J 씨는 원룸건물을 취득하며 대출받은 10억도 당연히 배우자와 함께 갚을 것이기 때문에 원룸건물 20억에서 대출금 10억을 제외한 나머지 10억의 절반을 배우자에게 증여한 것이라고 주장했다. 하지만 실제 대출계약은 J 씨만 채무자로 되어 있기 때문에 그의 주장은 어디까지나 주장일 뿐이다.

Solution

세무조사가 나오면 J 씨처럼 억울하다고 하는 의뢰인을 종종 본다. 그들은 세금을 납부하지 않을 의도가 전혀 없었고, 단지 법을 몰랐기 때문이라고 항변하지만 이러한 주장은 법 앞에서 아무런 의미가 없다.

J 씨가 원룸건물을 취득할 때 전문가에게 거래행위에 대한 계획을 말하고 조언을 구했다면, 사전에 문제를 방지할 수 있었다. 그는 일을 계획하면서 보다 면밀하게 문제점을 살펴봐야 했다. 그리고 배우자에게 증여할 부분이 원룸건물 20억에 대한 절반이 아니라 20억에서 대출금 10억을 차감한 나머지 금액이었다면 이점을 분명히 문서로 남겨야 했다.

만약 내가 J 씨였다면 대출계약을 할 당시에 채무자를 단독으로 하지 않고, 나와 배우자를 공동채무자로 하는 대출계약을 맺었을 것이다. 만약 은행의 업무특성상 공동대출이 불가하다면 나와 배우자 사이에 '대출계약은 주채무자가 나(J 씨)이고 배우자는 담보제공자로 체결했지만 이는 은행의 대출업무 특성상 이와 같이 계약을 체결하였을 뿐, 실제로 나와 배우자는 공동채무자'라는 점을 별도의 약정서를 통해 명확히 했을 것이다. 그리고 이를 공증 또는 인증을 통해 분명히 했을 것이다.

J 씨는 배우자와 공동으로 대출계약을 체결하지도 별도의 약정서를 작성하지도 않았기 때문에 해결이 결코 쉽지 않았다.

사례 리서치

가장 효과적으로 세무조사에 대응하기 위해서는 무엇보다 자신이 처한 상황과 가장 비슷한 사례를 조사하고 그 사건에서 어떤 주제가 주요쟁점으로 다루어졌으며, 납세자와 국세청은 어떤 논리로 주장을 펼쳤는지 이해하는 것이 중요하다. 물론 그 사건에서 어떤 결과가 나왔는지도 중요하다.

나는 J 씨가 처한 상황과 가장 비슷한 사례를 조사하기 시작했다. 그런데 조사를 하면 할수록 J 씨에게 불리한 심판례만 발견할 수 있었다. 대부분의 사례에서 결론을 살펴보면 담보제공인은 일차적으로 담보제공인 자체로만 판단되었을 뿐이지 공동채무자로 취급되기 위해서는 납세자 스스로가 실제로 공동채무자라는 사실을 입증해야 했다. 즉 입증책임이 납세자에게 있기 때문에 담보제공인을 사실상의 공동채무자로 보기 위해서는 여러 증거를 수집하여 설득력 있게 주장해야 했다.

곧 눈에 띄는 사례 하나를 발견했다. 이 사례는 조세심판원 단계에서는 납세자의 주장이 받아들여지지 않아 증여세가 과세되는 것이 올바르다는 판단을 받았지만, 행정소송 1심 및 2심 단계에서 증여세를 과세할 수 없다는 판결을 받은 사례였다. 판결이 뒤집힌 것이다.

나는 해당 사례를 집중적으로 연구하기 시작했다. 사실관계부터 당사자의 주장과 논리 그리고 법원의 시각을 살펴보았다.

사실관계

A는 배우자 B와 서울 강남구 소재 아파트를 약 40억에 공동으로 매수했다. 그리고 A와 그의 배우자 B는 동 부동산을 취득하며 잔금 약 20억을 은행에서 대출을 받아 지급했다. 이때 A를 주채무자, 배우자 B를 담보제공인으로 지정했다.

국세청 주장

동 부동산을 취득하면서 법률상 계약의 당사자는 은행과 주채무자 A이며 배우자 B는 담보제공인에 불과하고, 납세자가 제출한 소명자료 중에서 이 사건 대출금은 이자를 주채무자인 A만 지급했을 뿐 배우자 B는 부담하지 않았기 때문에 '사실상의 채무자가 부부 공동임이 확인되지 않은 경우'에 해당하므로 증여재산으로 보아야 한다.

납세자 주장

동 부동산을 취득하며 대출받은 금액은 주택을 담보로 차용한 금원이기 때문에 실질적으로는 주택의 공동소유자 A와 배우자 B가 공동으로 부담하는 채무다. 게다가 대출금은 이 사건 주택의 매매대금 지급을 위해 차용한 금원으로 실제로도 그 매매대금의 지급에 사용되었으며, 그 지급을 최종적으로 담보하는 수단으로는 사실상 이 사건 주택이 유일하다.

법원의 판단

세법에서는 "증여세 과세가액은 증여일 현재 이 법에 따른 증여재산가액을 합친 금액에서 그 증여재산에 담보된 채무로서 수증자가 인수한 금액을 뺀 금액으로 한다."라고 규정하고 있는 바, 이는 법적 외관은 권리이전의 형태를 띠고 있더라도 그 재산으로 담보하는 채무로 인해 결국 경제적 실질[*]이 이전된 바가 없으면 증여로 보지 않겠다는 취지의 규정이다.

그리고 이 사건 처분 당시에는 대출금이 전혀 변제되지 않은 상황이어서 그 상당 금액의 경제적 실질이 원고에게 귀속된 상태라 할 수 없고, 대출금 이자를 지급한 A만 사실상의 채무자라는 주장을 인정할 수 있다. 그러나 일정기간 배우자 한쪽만 대출금 이자

---

[*] 제3자를 통한 간접적인 방법이나 둘 이상의 행위 또는 거래를 거치는 방법이다. 세법의 혜택을 부당하게 받기 위한 것으로 인정되는 경우에는 그 경제적 실질의 내용에 따라, 당사자가 직접 거래를 한 것으로 보거나 연속된 하나의 행위 또는 거래를 한 것으로 볼 수 있다는 개념이다.

를 지급했다는 사실만으로는 배우자 B를 공동채무자로 볼 수 없기 때문에 A만 사실상의 채무자로 보기에는 부족하다. 또 원금 변제가 전혀 이루어지지 않은 상황이었으므로 대출금 중 주택에 대한 배우자 B의 지분비율에 해당하는 부분의 경제직 실질이 배우자 B에게 귀속되었다고 인정하기도 부족하다고 보았다.

결국 정리하면 공동으로 부동산을 취득하면서 일부 취득자금에 대해 대출을 받는 경우, 공동명의로 대출받지 않고 A가 주채무자 B를 담보제공인으로 한다면 국세청에서는 해당 채무에 대해서 담보제공인을 주채무자로 인정하지는 않는다. 그리고 이러한 시각은 조세심판원까지 동일하다. 하지만 행정법원에서 다툰다면 이야기는 달라질 수 있다는 것이다. 국세청, 조세심판원과 법원의 시각이 다르기 때문이다.

	국세청 및 조세심판원	법원
계약	담보제공인은 주채무자가 아님	담보제공인에 불과해도 사실상 공동 채무자로 볼 수 있다면 계약의 형식은 크게 상관없음
이자	이자를 주채무자가 부담했다면 그 사실이 담보제공인은 공동채무자가 아니라는 사실을 입증하는 것임	이자를 주채무자 1인이 부담했더라도 이와 같은 사실이 채무에 대해 증여가 이루어졌다고 확증할 수 없음
원금	이자와 원금의 변제상황을 고려해 사실상의 채무자가 부부 공동임이 확인되지 않았다면 증여에 해당	아직 채무에 대한 원금상환이 이루어지지 않았다면 실제로 증여를 받았는지 여부를 알 수 없기 때문에 증여에 해당하지 않음

만일 부동산을 처분하면서 대출금을 공동으로 상환했다면 아주 명확하게 A와 B가 공동채무자라는 점이 입증되고, 반대로 A만 대출금을 상환한다면 B는 공동채무자가 아니기 때문에 대출금을 제외한 부동산 자체의 50%를 증여 받은 것으로 판단할 수 있다. 하지만 원금상환이 이루어지지 않는 시점에서 채무에 대해 증여를 받았는지 여부는 국세청과 법원이 다르게 판단하고 있다.

최초

항목	J 씨	J 씨 배우자	비고
부동산	10억	10억	공동소유
대출금	10억	0원	채무자 = J씨
증여재산가액	해당없음	5억	증여재산가액

법원의 판단

항목	J 씨	J 씨 배우자	비고
부동산	10억	10억	공동소유
대출금	5억	5억	채무자 = 공동채무자
증여재산가액	해당없음	5억	증여재산가액

나는 위와 같은 내용을 파악해 2심 판례를 바탕으로 소명서를

작성했다. 그리고 판례와 동일한 판단을 받을 수 있었다. 여담이지만 법원의 판례를 구하는 것은 생각보다 간단하지 않다. 대부분 대법원 판례는 중요한 판례만 공개될 뿐, 통상 1심이나 2심 판례는 잘 공개되지 않는다. 아무튼 이번 사례는 다행히도 납세자에게 유리한 판례를 찾을 수 있어 생각보다 쉽게 논리를 구성할 수 있었고 좋은 결과를 얻을 수 있었다.

사람들은 이런 사례를 보면 왜 국세청이 무리하게 과세하냐는 지적을 할 수도 있다. 하지만 나는 그렇게 생각하지 않는다. 왜냐하면 나조차도 처음에는 법률관계가 채무자와 담보제공인으로 구성되어 있는 이상 배우자가 구상권을 청구할 수 있기 때문에 증여세가 과세되는 것이 올바르다고 판단했다. 즉 법률상 과세가 충분히 될 수 있는 사안이라도 경제적 사실관계에 따라 과세가 배제되는 경우에는 섣불리 판단할 수 없다.

J 씨 배우자 사건에서 채무를 증여재산가액에서 제외할 수 있느냐 없느냐는 아주 중요했다. 배우자에게는 10년 동안 6억까지 증여세없이 증여할 수 있기 때문이다. 이 사건에서 원룸건물 20억 중 대출금 10억을 차감할 수 있다면 나머지 10억의 절반인 5억을 증여한 셈이다. 여기에 배우자상속공제 6억을 고려하면, 증여세가 전혀 나오지 않을 수 있다. 그러나 대출금 10억을 차감할 수 없다면 20억의 절반인 10억을 증여한 것으로 취급되기 때문에 10억에서 6억을 차감한 나머지 4억에 대한 증여세 약

7천만원을 내야한다. 대략 여기에 가산세를 고려해도 약 1억의 증여세를 부담해야 한다.

결과적으로 J 씨와 그의 배우자 사건에서는 대출금을 증여재산가액에서 차감할 수 있었다. 세무조사 역시 성공적으로 마무리 되었다.

○ Key Point

일반적으로 증여세 같은 재산세제의 세무조사는 납세자가 자신해서 신고하지 않는다면, 세무조사 착수까지 통상적으로 상당한 시간이 소요된다. 또 재산 규모가 작은 경우에는 아예 세무조사가 이루어지지 않는 경우도 많다.

즉 증여세를 자진해서 신고해야 하지만 이를 누락해도 세무조사가 이루어지지 않는 경우가 더러 있기 때문에 사람들은 문제가 없다고 착각한다. 더욱이 세금을 탈세할 목적없이 그랬다면 세금을 내야한다는 사실이 오히려 억울할 수도 있다.

세무조사를 받게 된다면, 당신에게 '시간'은 돈이다. 목숨이다.

얼마 전 주말에 전화가 걸려왔다. 내가 세무대리를 하고 있는 회사의 대표였다. 그는 친구 아버지에게 세무조사가 나왔는데 세무조사 종결일이 얼마 남지 않은 상황이라며 급히 일을 부탁했다.

아니, 세무조사 종결일을 코 앞에 두고서야 그 사실을 알았다니! 나는 정말 의아했다. 그래도 굉장히 친한 회사 대표의 부탁인 만큼 일단 의뢰인을 만나보기로 했다. 나는 사건의 내용을 파악하기에 앞서 도대체 왜 한 달이라는 세무조사 기간 동안 아무런 조치를 취하지 않다가, 세무조사 종결을 불과 10일 정도 남긴 시점에서 대응을 하게 된 경위가 궁금했다.

문제는 '보이스피싱'이었다. 의뢰인은 1947년 생으로 지방국세청에서 걸려온 전화가 요즘 사회적으로 문제되고 있는 보이스피싱으로 착각하고 그냥 끊어버린 것이다. 그렇게 한참의 시간을 허비하고 나서야 뒤늦게 사실을 확인했다.

일반적으로 세무조사가 나오면 신속한 대응이 중요하기 때문에 대리인을 최대한 빨리 정해야 한다. 가끔 세무조사에 대한 경험이 많지 않은 의뢰인들을 보면 여러 대리인을 만나보느라 시간을 지체하는 경우가 있다. 이는 올바른 방법이 아니다. 여러 전문가를 만나보고 싶은 심정이야 충분히 이해하지만 시간이라는 변수를 간과해서는 안된다.

세무조사를 담당하는 세무조사관이 자료 제출을 요청했는데 제출시기가 차일피일 미뤄진다면 어떤 생각이 들겠는가? 담당조사관도 사람이다. 어쩌면 자료를 허위로 만들고 있지 않는가 하는 생각이 들지 않겠는가.

나는 세무조사 사건을 맡을 때 지키는 원칙이 있다. 바로 국세청에 최대한 협조하는 것이다. 언뜻 보면 사건을 맡긴 의뢰인 편이 아닌 것으로 오해할 수 있지만 그것이 의뢰인을 살리는 길이다. 가령 국세청에서 일주일 뒤에 자료를 제출해달라는 요청이 들어오면 나는 보통 하루나 이틀 전에 제출한다. 자료도 대충 수집하는 것이 아니라 일

목요연하게 최대한 정리해 한눈에 파악할 수 있도록 만든다.

다시 강조하지만 세무조사관도 사람이다. 최선을 다하면 그 마음을 알아준다. 제출은 내가 했지만 소명서를 보고 조사관은 의뢰인의 마음을 알아준다. 물론 세무조사는 사건마다 성격이 다르기 때문에 한마디로 정의할 수 없지만 인정할 것은 인정하고 다툴 것은 다투고 읍소할 것은 읍소하는 것이 현명하다. 그러면 걱정한 만큼 크게 문제되지 않는다. 문제는 모든 것을 다투려고 하거나 이상한 방법을 동원해서 해결하려고 할 때 생긴다.

현금을 주식으로 바꾸면 절세가 가능하다?

부동산과 만만치 않게 증여세나 상속세를 절세하기 어려운 자산이 바로 현금성자산*
이다. 의외로 상당한 현금성자산을 보유한 사람들이 많다. 부동산과 마찬가지로 현금
성자산은 그 출처가 모두 드러나는 자산이기 때문에 상속재산에서 제외시켜 신고할
수 없다. 빼도 박도 못하고 세금을 모두 내야 하는 자산이다.

나도 처음에는 현금성자산에 대한 증여세나 상속세를 줄이기 위한 솔루션을 고민하
지 않았다. 어차피 상속세가 발생한다면 일정 수준의 현금은 보유하고 있다가 그대
로 상속하는 편이 낫다고 생각했다. 상속인 입장에서도 현금이 있어야 세금을 낼 수
있으니까 말이다.

---

* 현금 또는 예금과 같이 쉽게 현금화가 가능한 자산.

하지만 내가 생각하는 규모를 훨씬 뛰어넘는 어마어마한 현금성자산을 갖고 있는 의뢰인들을 여러 번 만나고 나서부터 생각이 바뀌었다. 그들이 보유한 현금은 단순히 세금을 내기 위해 보유하는 수준이 아니었다.

이러한 고객 대부분은 회사를 정리하거나 그들이 갖고 있던 부동산을 처분하면서 현금성자산을 갖게 되었다. 처음에는 처분 의사가 없었더라도 워낙 좋은 가격에 매수자가 나타나 팔지 않을 수 없었다. 자, 이번에는 현금성자산이 많은 사람들을 위한 사례를 살펴보겠다.

사 례

H 씨(70세, 가명)는 과거에 회사를 운영하다 은퇴를 위해 다른 사람에게 회사를 처분했다. 쉽게 말해, 자신의 회사주식을 양도하고 그 대가로 현금을 받았다. 그의 계획은 자녀에게 회사를 승계하려는 것이었지만, 거절할 수 없는 인수대가에 결국 매각해 버렸다.

하지만 인수대가가 높다고 해서 무조건 처분하는 것이 올바른 의사결정일까? 이 질문 속에는 H 대표가 미처 생각하지 못한 부분이 숨어있다. 그것은 바로 세금이다. 인수대가가 H 대표가 생각했던 것보다 훨씬 크더라도 그로 인해 발생하는 세금을 고려하면, 주식으로 갖고 있는 것이 나을 수도 있다. 이점을 잘 따져보아야 한다.

일단 즉각적으로 떠오르는 것은 바로 주식을 처분하면서 발생하는 양도소득세다. H 대표는 본인이 생각했던 금액보다 훨씬 큰 금액으로 주식을 양도했다. 그리고 양도대가에서 처음 회사를 설립할 때 납입했던 자본금액*을 차감한 금액에 20%의 양도소득세를 부담했다.

최고 세율이 38%에 달하는 종합소득세에 비하면 20%의 양도소득세는 꽤 괜찮은 세율이다. 여기에 지방소득세까지 더하면 종합

---

* 회사가 처음 설립될 때 납입된 자본금.

소득세와 관련한 세율은 41.8%까지 오르게 되니, 양도소득세에 지방소득세까지 고려해도 H 대표가 적용 받은 세율은 22%에 불과하다. 즉 종합소득세와 관련한 세율과 비교한다면 거의 절반에 가까운 수준의 세금만 부담한 것이다.

자, 그렇다면 정말 좋은 의사결정을 한 것일까? 결코 그렇지 않다. 왜냐하면 상속세도 생각해야 하기 때문이다. 이미 우리가 아는 것처럼, 주식에 대한 상속세와 현금에 대한 상속세는 다르다. 책을 여기까지 읽은 독자라면 충분히 이해할 수 있다. 주식은 상속세를 절세할 수 있는 상당히 좋은 재산이다. 하지만 현금성자산은 어떤가? 은행에 있는 예금의 거의 절반은 상속세로 내야 한다. 아마 H 대표는 상속세까지는 생각하지 못했을 것이다. 만약 상속세까지 고려했다면 의사결정은 달라졌을 수 있다.

Solution

H 대표는 자신이 가지고 있는 회사주식을 약 100억에 처분했다. 그리고 20%의 양도소득세를 납부했다. 물론 취득금액이 처음 법인을 설립할 당시 5천만원이 있었기 때문에 99억5천만원에 해당하는 양도차익에 대한 과세가 이루어졌다. 그리고 나머지 약 80억은 현금으로 갖고 있었다.

만약 현재상황에서 다른 재산이 전혀 없고 현금만을 증여 또는 상속한다면, 증여세와 상속세는 각각 약 32억과 약 26억5천만원

가량이 발생한다. 따라서 증여나 상속 후 자녀가 보유하는 현금
은 증여한다면 약 48억, 상속한다면 약 53억5천만원을 갖게 된다.

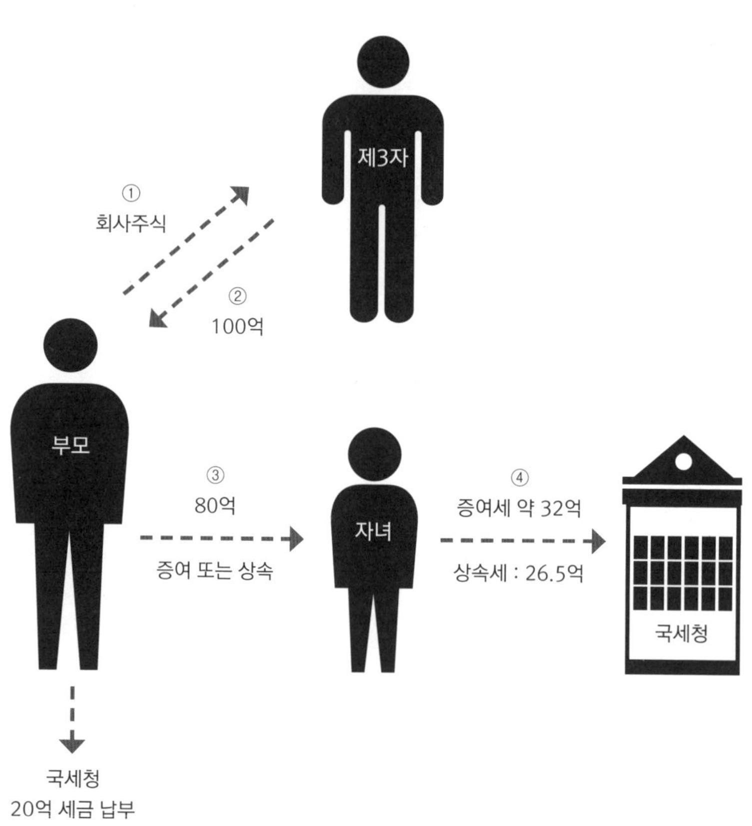

H 대표는 당초 회사를 100억에 처분했으므로, 결과적으로 거의 절반을 세금으로 낸 셈이다. 여러분도 이와 같은 결정을 내리겠는가?

나라면 이렇게 하지 않는다. H 대표가 회사를 처분해 현금을 자녀에게 물려주는 것보다 회사 자체를 물려주는 것이 보다 유리할 수 있다. 가업상속공제를 받으면 아예 세금이 나오지 않을 것이고, 굳이 그것이 아니라도 자녀에게 물려준 뒤 자녀가 회사를 처분하는 것이 세부담 측면에서 보다 유리할 수 있기 때문이다.

하지만 H 대표는 이미 회사를 정리한 상태라 돌이킬 수 없었다. 따라서 다른 솔루션이 필요했다. 그것은 다시 다른 회사를 인수하는 방법이었다.

H 대표가 80억으로 다른 회사를 인수한다면 어떻게 될까? 이미 알고 있는 것처럼 가업상속공제는 요건을 갖추게 되면 세금이 발생하지 않는다. 하지만 그가 가업상속공제를 적용 받기 위해서는 주식인수 후 최소 10년이 지나야 하기 때문에 현실적으로 이 제도를 활용하는 것은 어려울 수 있다. 하지만 걱정할 필요없다. 세금을 전혀 내지 않게 할 수는 없지만 줄일 수는 있기 때문이다.

회사를 인수한다는 것은 앞서 살펴본 부동산 사례와 마찬가지로 현금을 주식으로 바꾼 것에 불과하다. 하지만 부동산을 주식으로 바꿨을 때보다 훨씬 효과가 크다. 이미 설명한대로 비상장주식은 평가를 하게 된다. 즉 수익가치와 자산가치를 바탕으로 법에서 규정한대로 산출하게 되므로 평가액은 실제가치와 다소 차이가 날 수 있다. 즉 실제가액보다 적게 평가될 가능성이 있다.

이 내용을 정확히 이해하려면 주식을 인수할 때 어떻게 평가금액을 산출하는지 이해해야 한다. 하지만 그것을 모두 이해하는 것은 상당히 어렵다. 그래도 하나라도 더 알려드리고자 하는 마음에 최대한 쉽게 풀어보겠다. 이 부분은 많이 어렵기 때문에 이해가 잘 되지 않는다고 해서 나나 여러분 자신을 탓할 필요없다.

만약 어떤 회사를 인수한다고 가정해보자. 그럼 그 회사를 인수할지 말지, 그리고 얼마에 인수할지를 결정할 때 무엇이 가장 중요할까? 당연히 그 회사가 얼마를 버느냐가 가장 중요하다. 회사가 돈을 많이 번다면 인수대가는 비쌀 것이고 회사가 돈을 조금 번다면 인수대가는 상대적으로 저렴할 것이다. 그럼 도대체 구체적으로 어떻게 회사의 가치를 평가하는 것일까?

예를 들어, 지금 회사를 인수하면 매년 1억6천만원을 벌 수 있는 투자기회가 있다고 가정해보자. 이때 이자율이 2%라고 한다면 이 회사를 얼마에 인수하겠는가?

어려운가? 그렇다면 이렇게 설명해보겠다. 지금 얼마를 정기적금에 가입하면 매년 1억6천만원의 이자를 주는 금융상품이 있다고 가정해보자. 이자율이 2%라면 얼마를 통장에 넣으면 되겠는가?

아직도 어려운가? 그렇다면, 지금 80억을 정기적금에 가입하는 경우 2%의 이자를 준다면 1년 후 얼마의 이자를 받겠는가? 이제

조금 쉬워졌는가? 당연히 1억6천만원(80억×2%)을 받을 것이다. 즉 얼마를 투자해야 하는지는 곧 이익과 이자율에 따라 결정된다.

> 이자 = 원금 x 이자율
>
> 원금 = 이자/이자율
>
> =
>
> 수익 = 투자금액 x 수익율
>
> 투자금액 = 수익/수익율
>
> 회사인수금액 = 예상이익/수익율

결국 얼마에 회사를 인수할지 여부는 향후 그 회사가 얼마를 벌어들이냐 여부에 달려있다. 그 회사가 벌어들일 것으로 기대되는 이익을 이자율로 나누면 인수금액이 산출된다. 이는 은행에 금융상품을 가입한 후 이자를 받는 것과 동일하다.

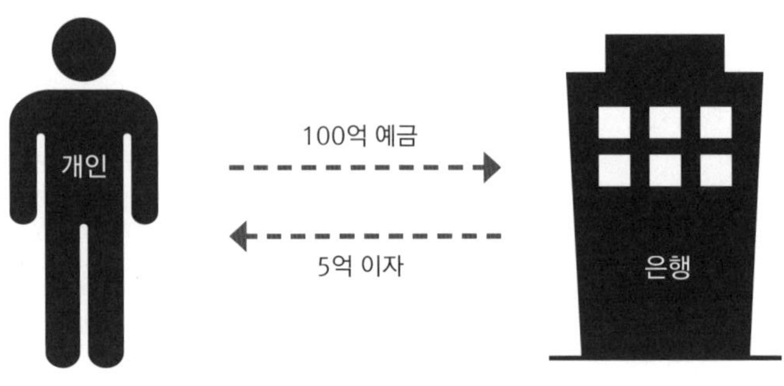

$$수익률 = 5\% = \frac{5억}{100억}$$

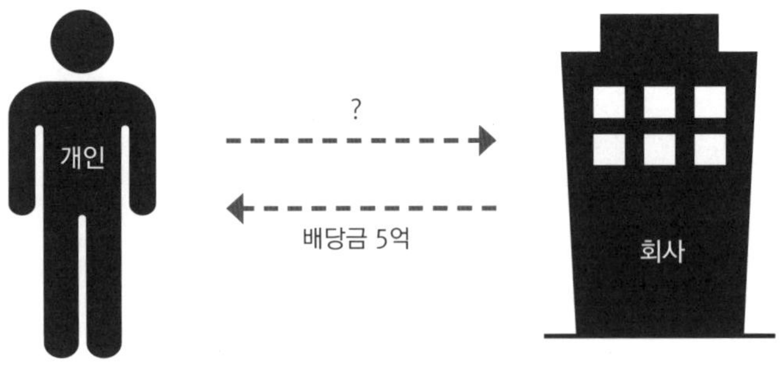

이자율 = 5%로 가정하면, 얼마를 주고 회사를 인수할 것인가?

$$? = \frac{5억}{5\%} = 100억 \qquad 정답 = 100억$$

그럼 이제 이렇게 질문하겠다. 회사에 투자할 때 얼마의 수익율을 기대하고 투자하는가? 당연히 은행이자 보다는 더 받을 것을 기대하고 투자할 것이다. 은행에 돈을 맡기는 것보다 회사에 투자하는 것이 더 위험하기 때문에 위험에 대한 추가적인 대가를 기대하기 마련이다.

따라서 어떤 회사를 인수할 때 기대하는 수익율이 가령 5%라고 하고, 매년 4억의 이익이 발생한다면 인수할 때 필요한 돈은 80억(4억/5%)으로 계산할 수 있다. 하지만 현행 세법에 따른 수익가치는 이렇게 계산하지 않는다. 세법에서는 이자율을 무조건 10%로 적용하라고 규정하고 있기 때문에 이렇게 계산하면 회사의 가치는 40억에 불과하게 된다. 이제 좀 느낌이 왔는가?

정리하면 H 대표가 어떤 회사를 합리적으로 평가한 80억으로 인수했더라도 세법상 평가액은 40억에 불과한 것이다. 따라서 모든 조건이 동일하다면 나중에 자녀에게 상속이나 증여를 하는 시점에서는 40억을 기준으로 세금을 내는 것이다. 결국 자녀는 40억에 대한 세금을 내고 80억원에 이 주식을 다시 처분한다면, 결과적으로 상속세 또는 증여세의 절반을 아끼게 된다. 무려 20억이나 말이다.

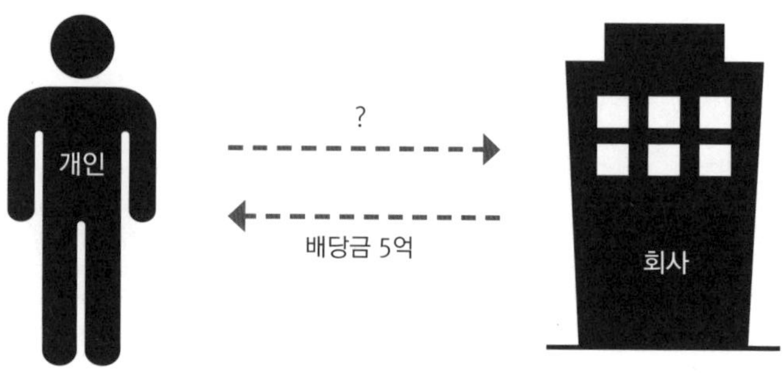

이자율 = 10%로 가정하면,

$$? = \frac{5억}{10\%} = 50억$$

세법상 이자율은 10%로 규정하고 있기 때문에 실제 수익가치보다 항상 낮게 평가된다. 실제 100억 가치의 회사도 세법에서 50억으로 수익가치를 평가하기 때문에 현금을 주식으로 바꿔 자녀에게 증여한다면 증여세를 절세할 수 있다.

　사실 위에서 언급한 솔루션의 효과는 실제보다 적다. 왜냐하면 수익가치만 놓고 이야기했기 때문이다. 만약 수익가치가 자산가치보다 크고 회사의 총자산에서 부동산이 차지하는 비율이 50% 미만인 회사인 경우에는 수익가치에 60%의 가중치를 부여해 평가하므로 평가금액은 더 떨어질 수 있다. 왜냐하면 자산가치는 일반적으로 세법상 평가방법에 따른 평가액이 실제 그 자산의 가치보다 더 적게 저평가하는 경향이 있기 때문이다. 즉 세법상 평가방법은 일반적인 시가보다 훨씬 적은 금액으로 평가된다.

또 부동산 사례에서도 설명한 것처럼 수익가치와 자산가치는 경영자가 어떻게 경영을 하느냐에 따라 큰 편차가 발생할 수 있다. 법이 허용하는 틀 안에서 수익가치를 줄이고 배당 등을 통해 자산가치를 낮출 수 있기 때문이다. 따라서 이러한 효과까지 감안한다면 실제 평가액은 40억보다 훨씬 줄어들고 이로 인해 상속세를 크게 줄일 수 있다.

세무조사

복잡한 거래일수록 전체를 파악하는 것은 매우 어렵다. 사람이 하는 일이다 보니 모든 내용을 파악한 상태에서 판단을 내린다는 것이 그만큼 어렵다. 게다가 오랜 시간에 걸쳐 일어난 일은 더욱 그렇다.

바로 이번 사례가 그런 경우다. 시간도 상당히 소요되었고 거래도 복잡했다. 그렇기 때문에 세무조사를 받아도 거래 과정 전체가 세무조사의 대상이 되는 경우는 거의 없다. 심지어 국세청 입장에서는 전체적으로 거래가 있었는지조차 파악하지 못하는 경우도 있다. 이번 사례를 시간의 흐름에 따라 정리해보면 다음과 같다.

①회사주식 처분 → ②현금화 → ③다른 회사주식을 인수 →
④다른 회사주식을 증여나 상속

세무조사가 어떻게 이루어지는지를 알면 보다 명확하게 이해할 수 있다. 일반적인 세목에 대한 세무조사는 우리가 어떤 세금을 자진해서 신고하면 이루어진다. 즉 우리가 신고한 내용이 세법에 따라 올바르게 처리되었는지 검증하는 것이다.

이번 사례에 대한 세무조사를 생각해보자. 먼저 H 대표가 주식을 처분하면 양도소득세가 올바르게 계산이 되었는지 검증 할 것이다. 그리고 H 대표가 다시 다른 회사의 주식을 인수한다면 그에게 주식을 매도한 매도인에 대한 세무조사가 이루어지게 될 것이다. 이와 더불어 H 대표가 주식을 취득하게 된 자금출처에 대한 세무조사도 이루어질 수 있다. 마지막으로 H 대표가 자녀에게 새로 취득한 회사의 주식을 증여하거나 상속한다면 이때 세법상 적법한 가액으로 평가되어 증여나 상속이 이루어졌는지 검증받는다.

즉 세무조사는 ①, ②, ③, ④ 각각의 거래에 대해서만 이루어진다. 다시 말해, 전체의 거래를 하나의 사건으로 보아 세무조사가 이루어지는 것이 아니라는 의미다. 물론 100% 그렇다는 것은 아니다. 이 모든 거래를 파악하고 납세자의 마음까지 알 수 있다면 전체의 거래에 대해 조사가 이루어질 수 있다. 하지만 그렇다 해도 이러한 행위가 현행 법률상 문제가 되지 않는다.

물론 여기에도 문제가 전혀 없지는 않다. 현행 세법에서 포괄주의를 도입했기 때문이다. 하지만 실제로 문제 삼기는 어려울 것이다. 이번 사례를 H 대표가 자녀에게 직접 80억을 증여한 것으로 세무조사는 각각의 거래에 대해서만 이루어진다.
전체의 거래를 하나의 사건으로 보아
세무조사가 이루어지는 것이 아니라는 의미다.
이 모든 거래를 파악하고 납세자의 마음까지 알 수 있다면
전체의 거래에 대해 조사가 이루어질 수 있다.
하지만 그렇다 해도 이러한 행위가 현행 법률상 문제가 되지 않는다.

보기 위해서는 개별적인 거래 전부를 부인해야 하는데, 사법상 유효하게 이뤄진 거래를 모두 부인하고 단지 경제적 실질에만 초점을 맞춰 과세하기는 어렵다.

오히려 납세자 입장에서는 주식을 증여나 상속 받으면서 현금을 받은 것으로 보아 세금을 신고해야 할 수도 있다고 한다면, 납세자 입장에서의 법적 안정성과 예측가능성이 심히 떨어진다고 할 것이기 때문이다. 그리고 이런 사례가 세법상 과세요건*을 갖추었는지 여부도 의문이다. 쉽게 말해, 이번 사례에 대한 증여세를 어떻게 계산할 것인지 세법에 명확한 규정이 없다는 의미다.

물론 증여세를 산출하기 위한 일반규정이 존재하지만 이 규정으로 이번 사례를 적용할 수 있는지 모르겠다. 왜냐하면 세법에서 비상장주식을 증여나 상속할 때는 세법에서 정한 평가방법에 의하도록 규정을 두었고, 납세자는 이 규정에 의해 주식을 평가한 뒤 증여세나 상속세를 신고하고 납부했기 때문이다.

전문가가 아니라면 위 내용이 다소 어려울 수 있지만, 그만큼 법률상 쟁점이 큰 부분이기 때문에 쉽게 과세하기 어려울 것으로 이해해도 좋다. 과세를 위해 세법에서 납세자의 속마음까지 파악해 규정을 두는 것은 불가능하다. 따라서 이런 결과가 나올 수 밖에 없다.

---

* 세금을 부과하기 위해 반드시 갖춰줘야 하는 요건으로 납세의무자, 과세대상, 과세표준, 세율을 말한다.

어쨌거나 위와 같은 어려운 쟁점도 있지만 앞서 설명한 바와 같이 오랜 시간 동안 복잡한 거래가 이루어진 경우에는 그 거래 전체를 파악해 세무조사를 하는 것에 큰 어려움이 있기 때문에 실제로 문제가 되는 경우는 굉장히 드물다. 오히려 나는 국세청 입장에서 세무조사 시스템을 혁신적으로 바꾸어야 한다는 점을 지적하고 싶다.

갑자기 왜 내가 국세청 입장에 서는지 의구심이 들겠지만 정말 이건 아니다 싶은 사례를 많이 봐왔기 때문에 개선하는 것이 바람직하다. 이번에는 최근에 겪은 가장 놀라운 사례 하나를 소개해볼까 한다. 국세청 입장에서 과세할 수 없다고 판단되는 어이없는 경우다.

현금 100억을 법인에 투자한 뒤, 법인은 그 100억을 은행의 일반예금통장에 예치하고 어떤 업종이던 관계없이 3년간 운영한다고 가정해보자. 단, 반드시 정기적금이 아닌 일반예금으로 예치해야 한다. 수익가치를 자산가치보다 작게 만들기 위해서다.

그리고 이자수익과 비슷하게 대표이사의 급여를 책정한다. 이러면 법인의 이익은 거의 발생하지 않기 때문에 수익가치가 자산가치보다 작게 나온다. 결국 자산가치의 80%만 회사의 주식가치로 평가되어 그 회사의 가치는 80억이 된다. 그 다음 자녀에게 상속이나 증여를 한다.

자, 어떤가? 100억이 3년 뒤 80억이 되어 증여가 되든 상속이 되든 세금을 파격적으로 줄일 수 있는 아주 단순하지만 치명적인 방법이다. 100억은 자녀 회사가 된 그 법인통장에 고스란히 남아 있다.

이처럼 이러한 방법에는 큰 문제가 있다. 그런데 이렇게 하더라도 현행 법률상에서는 딱히 문제를 제기할 수 있는 방법이 마땅히 없다. 현행 법률에서 주식가치를 80억으로 평가하라고 구체적으로 규정해 놓았기 때문이다. 게다가 100억은 사실 자녀가 증여받거나 상속받은 것도 아니다. 법률상 자녀는 주식을 증여나 상속을 받은 것이다.

물론 자녀가 100억을 자신의 명의로 바꾸려 한다면 법인을 청산하거나 유상감자* 등을 통해야 하는데, 이럴 경우에는 일종의 배당으로 간주하는 의제배당에 해당하기 때문에 종합소득세가 과세된다. 따라서 100억을 온전히 자신의 것으로 만들 수 없다. 바로 이러한 점 때문에 이 방법이 증여세나 상속세가 과세되지 않아야 하는 주요 논거 중 하나가 된다.

---

* 기업에서 자본을 줄일 때 주주에게 보유한 주식가액의 일부를 환급하는 방식으로 보상하는 것을 말한다.

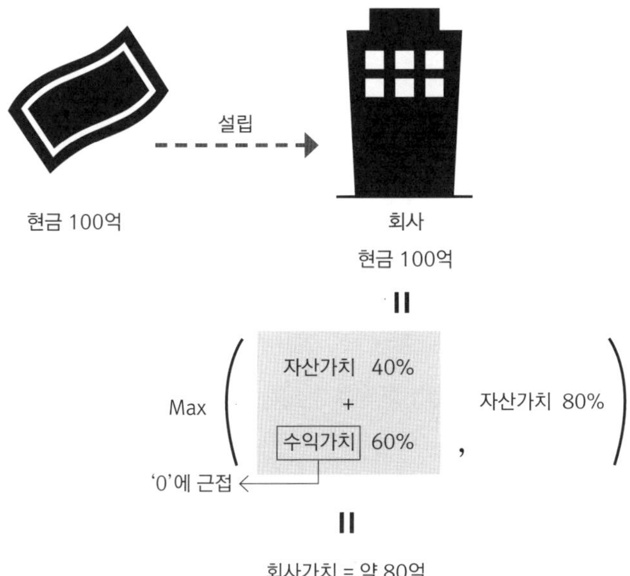

과거 비상장주식의 평가방법은 지금과 달리 총자산에서 부동산이 차지하는 비율이 50% 미만이라고 한다면, 수익가치와 자산가치를 6:4 비율로 가중평균하여 산출했다. 따라서 위의 사례에서 현금 100억을 갖고 있는 회사가 극단적으로 40억으로 평가되는 경우도 있었다. 이와 같은 문제점을 방지하기 위해 최근 상속세 및 증여세법은 수익가치와 자산가치를 가중평균한 평가액이 자산가치의 80%에 미달할 경우에는 1주당 금액을 자산가치의 80%로 평가하도록 개정되었다.

하지만 개정된 현행 규정은 어떤 이유로 자산가치의 80%로 주식가치를 제한하여 평가하는지 근거가 없고 논리적이지도 않다. 게다가 총자산에서 부동산이 차지하는 비율이 80% 이상인 경우에는 주식가치를 자산가치로만 평가하는 규정이 이미 있기 때문에, 이와 마찬가지로 총자산에서 현금성자산이 차지하는 비율이 80% 이상인 경우나 총자산에서 주식 등의 유가증권이 차지하는 비율이 80% 이상인 경우에는 자산가치로만 평가하도록 하여 종전 규정을 충분히 활용, 변칙적인 증여를 막을 수 있었다.

그럼에도 일률적으로 자산가치의 80%로 1주당 평가액을 제한하여 변칙적인 증여의 목적없이 정상적으로 운영되고 있는 회사의 주식가치에 대해서도 적용되게 되었다. 즉 경제적 관점에서 실제 회사의 수익가치가 제한되어 과거에 비해 상대적으로 주식가치가 고평가 되었고, 이로 인해 납세자는 더 많은 증여세와 상속세를 부담하게 된 것이다. 이는 다분히 행정편의주의적인 개정으로 밖에 볼 수 없다.

차라리 이럴 바에는 모든 비상장주식의 평가는 단순히 자산가치로만 평가하도록 규정할 것이지 굳이 어려운 규정을 통해 자산가치의 80%를 한도로 평가하는 것이 어떤 의미가 있는지 반문하고 싶다.

Key Point

원 칙 은 반 드 시 법 테 두 리 안 에 서 세 워 라

회사 대표들의 유형은 크게 두 가지로 구분할 수 있다. 국세청을 두려워하는 경우와 그렇지 않은 경우다. 두려워하는 대표들은 다 그럴만한 이유가 있다. 과거 세무조사에서 고생 꽤나 한 사람들이다. 반면 두려워하지 않는 대표들은 세무조사를 무사히 넘겼거나, 세무조사를 받아본 경험이 없는 이들이다.

가장 좋은 유형은 세무조사를 받았지만 큰 문제가 되지 않은 경우다. 왜 그럴까? 세무조사에서 크게 문제되지 않는 회사는 대게 애초에 문제가 되지 않게 처리를 하고 있기 때문이다.

세무조사에서 큰 금액을 추징당해본 대표라면 그 이후에는 원칙을 따르겠다고 마음 먹는다. 경제적인 이유도 있겠지만 그보다 세금 문제로 더 이상 신경쓰기 싫어서다. 그 시간에 사업에 전념하는 편이 더 이득일 테니 말이다. 하지만 세무조사를 받아본 경험이 없어 세금을 내는 것이 마냥 아까운 대표들은 대부분 어떻게 하면 세금을 줄일 수 있을까만 고심하고, 상당한 위험을 무릅쓰면서까지 세금을 줄이고 싶어한다. 즉 법 테두리를 벗어난 의사결정을 할 가능성이 높다.

회사 대표들을 만나면 항상 이렇게 조언한다. 항상 법 테두리 안에서 방법을 생각하는 것이 기본이고 정말 업종의 특성상 내지 사업상 어쩔 수 없는 경우라면, 그 틀을 살짝 벗어날 수도 있지만 이로 인한 위험은 반드시 인지하고 있어야 한다는 것이다. 그래서 나는 항상 올바른 기준을 먼저 제시한다. 만약 법 테두리를 벗어나려 한다면 그에 따르는 위험과 문제점을 반드시 알려준다. 따라서 이후에 세무조사를 통해 문제점이 드러난다 해도 회사는 큰 타격을 입지 않는다. 문제가 되더라도 사소한 것이고, 중요한 것은 이미 내가 회사에 그 위험성을 충분히 설명했기 때문이다.

아무튼 회사 대표라면 그런 위험에 대해 반드시 알고 있어야 한다. 그것이 국세청으로부터 발견될 가능성이 적던지 크던지 간에 일단 알고 있어야 올바른 의사결정을 할 수 있다. 그러나 안타깝게도 세무적인 위험에 놓여있는지 전혀 모르는 대표가 많다. 이것은 시한폭탄을 안고 회사를 경영하는 것과 다를 바 없다. 따라서 의사결정의 판단기준은 법 테두리 안에서 결정하는 것을 원칙으로 삼아야 하고, 지금 내리는 결정이 이후에 얼마만큼의 사업상 위험을 가져다 줄지, 그리고 그 위험이 사업에 미칠 수 있는 영향이 어느 정도인지를 반드시 알아야한다. 앞으로 발생할 수 있는 큰 문제를 예방하기 위해서다.

10

개인기업을 미리 물려주고 싶다면 법인전환 후 승계하라

부모가 자녀에게 회사를 물려준다는 것은 회사에 속한 재산만 물려준다는 것을 의미하지 않는다. 무엇보다 회사를 원활하게 운영할 수 있는 부모의 노하우(know-how)를 자녀에게 전수하는 것이 중요하다. 그래서 회사를 경영하는 대표들은 자녀에게 상속보다 증여로 회사를 물려주려는 경향이 짙다. 경영수업을 통해 자신의 경험을 전수할 수도 있고 자녀에게 주식을 증여하여 회사 내 위상도 세워줄 수 있기 때문이다. 하지만 일반적으로 동일한 재산을 자녀에게 물려준다고 한다면 증여세가 상속세보다 많이 발생한다. 증여세나 상속세를 계산할 때 각종 공제금액이 상속세를 계산할 때가 증여세를 계산할 때보다 더 많다. 경제적으로 증여세가 상속세보다 많이 발생한다는 불리함에도 불구하고 경영 노하우 전수라는 장점 때문에 일반적으로 대표들은 상속보다는 증여를 선호한다.

앞선 사례에서 가업상속공제제도에 대한 이야기를 여러 번 했다. 그렇다면 증여의 경

우에는 가업상속공제제도에 견줄 만한 파격적인 세제혜택이 없을까? 질문의 뉘앙스에서 느낄 수 있듯이 당연히 증여에도 가업승계를 지원하는 제도가 있다. 바로 '증여세과세특례제도*'다. 하지만 가업상속공제제도와는 다소 차이가 있다.

가장 결정적인 차이는 법인기업과 개인기업에 대한 차별이다. 결론부터 말하면 증여세과세특례제도에서는 법인기업에 한해 증여세를 파격적으로 감면해준다. 개인기업은 증여세과세특례제도를 이용할 수 없다. 그렇다면 어떻게 해야 할까? 답은 간단하다.

---

* 피상속인이 사망한 뒤에 혜택을 받을 수 있는 가업상속공제와 달리, 피상속인이 살아생전에 자녀에게 증여하면서 받을 수 있는 조세혜택제도(자세한 내용은 보론 참조).

사 례

지방에서 제조업을 운영하고 있는 K 씨(60세)는 개인기업으로는 이례적으로 자산 약 200억, 연 평균매출액 약 300억 가량을 올리는 회사를 경영하고 있었다. K 대표는 개인기업으로는 규모가 상당하기 때문에 종합소득세도 굉장히 많이 부담했다. 그럼에도 개인기업을 법인기업으로 전환하지 않았다. 법인기업으로 전환하면 개인적인 용도로 자금을 활용하는 것이 불편하다는 생각 때문이었다.

K 대표뿐 아니라 개인사업을 하는 대표들을 만나보면 공통적으로 자금활용이 불편하다는 이유로 법인전환을 꺼린다. 하지만 K 대표가 알고있는 것은 사실과 다르다. 개인기업이 자금활용이 수월한 이유는 이미 모든 소득에 대해 종합소득세를 냈기 때문에 문제없이 돈을 쓸 수 있는 것이다. 따라서 법인기업으로 전환해도 종합소득세를 내고 개인적으로 활용한다면 전혀 불편함이 없다.

K 대표는 자금활용이 불편하다는 것뿐만 아니라 현재 자산상태에서 법인으로 전환한다면 매년 회계감사도 받아야 하고 법인으로 회사를 경영하는 것이 절세적 측면에서 실익도 없는데다가, 법인명의로 사업을 하는 것 자체가 개인기업으로 경영할 때보다 상당히 불편하다는 주변 사람들의 의견을 들었다.

하지만 이것도 사실과 다르다. 유한회사[*]로 법인전환하면 회계감사를 피할 수 있다. 하지만 주식회사로 전환하여 회계감사를 받는 것도 결코 나쁘지 않다. 회계감사를 통해 개선방안을 파악해 나가면서 탄탄한 회사로 거듭날 수 있기 때문이다.

또 법인전환시 절세적 측면에서 실익이 없다는 것도 사실과 다르다. 물론 급여나 상여를 높게 책정한다면 개인기업일 때의 종합소득세와 맞먹을 수도 있지만, 상식적으로 법인전환을 하면서 개인기업일 때의 당기순이익 수준으로 급여나 상여를 책정한다는 것은 모순되기 때문에 결코 절세적 측면에서 실익이 없다고 이야기할 수 없다.

물론 법인으로 회사를 경영한다는 것이 다소 불편할 수는 있다. 개인기업에서는 각종 의사결정을 대표자가 단독으로 내릴 수 있지만 법인기업은 이사회 또는 주주총회를 통해 결정해야 하기 때문에 절차적으로 다소 불편하다. 하지만 이와 같은 단점도 전문가의 도움을 얻어 쉽게 해결할 수 있다.

법인기업으로 회사를 운영하면 다소 불편할지 몰라도 절세적인 측면에서 그리고 이후에 회사를 보다 발전시킬 수 있다는 측면에서는 훨씬 유리하다. 장점이 단점을 크게 상쇄시킬 수 있다.

K 대표는 이러한 설명에도 불구하고 의지를 쉽게 굽히지 않았

---

[*] 사원이 회사에 대하여 출자금액을 한도로 책임을 질 뿐, 회사의 채권자에 대하여 아무 책임도 지지 않는 사원으로 구성된 회사. 참고로 주식회사는 일정 요건을 충족하면 회계감사를 받아야 하지만 유한회사는 회계감사를 받지 않아도 된다. 다만, 현재 유한회사에 대해서도 주식회사와 마찬가지로 일정 요건을 충족하면 회계감사를 받도록 법률 개정이 추진 중에 있다.

다. 하지만 상속세나 증여세 이야기가 나오자 그의 표정이 달라졌다. 바로 '증여세과세특례제도' 때문이었다.

Solution

K 대표는 두 명의 자녀 중 한 명에게 회사를 물려줄 생각이었다. 그는 자녀가 장차 회사를 물려받아 자신이 해왔던 대로 회사를 잘 경영하기 위해서는 배워야할 것이 많다고 생각했다. 그래서 경영 노하우(Know-how)를 전수해주고 싶어했다.

문제는 세금이었다. K 대표는 장차 가업상속공제를 활용할 생각이었지만 가업상속공제는 자신이 유고 후 자녀가 상속세를 신고하는 시점에야 신청할 수 있기 때문에 지금 당장 회사를 물려줄 수 있는 방법이 되지 못했다. 그는 고민에 빠졌다.

개인기업은 지분이라는 개념이 없다. 개인기업의 실체는 개인이 소유권을 가진 동산 또는 부동산 및 영업권이라는 개별적인 자산 및 부채로만 구성되어 있을 뿐, 이를 통합적인 관점에서 회사를 분할하여 소유할 수 없다. 쉽게 말해 자녀에게 회사를 증여하고 싶다면 K 대표가 가진 부동산이나 기계장치나 개별적인 자산을 증여할 수 있을 뿐이지 개인기업을 주식회사의 지분처럼 나눠서 증여할 수 없다.

사실 이 문제에 대한 솔루션은 너무 쉽다. 내가 빈번하게 해결하는 문제다. K 대표는 개인기업을 법인기업으로 전환한 뒤 5년 이내에 지분을 증여 한다면, 50% 미만으로 주식을 자녀에게 증여하면 된다. 그리고 가업상속공제처럼 아예 세금을 내지 않게 할 수는 없지만, 아주 적은 증여세를 부담하고 자녀에게 회사주식을 증여할 수 있다.

증여세과세특례제도

증여세과세과액	세율	비고
5억 이하	0%	증여세 없음
5억 초과 30억 이하	10%	5억 초과분에 대해 10%
30억 초과	20%	30억 초과분에 대해 20%
※ 100억을 한도로 함.		

위 표와 같이 증여세과세특례제도를 활용하면 5억까지는 세금이 전혀 없고 5억 초과부터 30억 이하까지는 5억을 초과하는 금액에 대해 10%의 증여세를 부담한다. 그리고 30억을 초과하는 경우에는 100억까지의 금액에 대해 20%의 증여세를 부담하게 된다. 즉 K 대표가 개인기업을 법인기업으로 전환한 뒤 자녀에게 지분의 일부를 증여한다면 세금이 아예 없거나 아주 적게 부담하고 증여 할 수 있다.

앞선 사례에서도 설명했지만 자녀에게 사전증여를 하는 것은 큰 의미가 있다. 증여는 재산을 증식할 수 있는 '씨앗'이 되기 때문에 이와 같이 회사주식을 자녀에게 증여하면 자녀는 배당소득을 추가적으로 얻을 수 있어 매우 유익하다. 게다가 배당소득은 다른 소득에 비해 배당세액공제*라는 효과도 누릴 수 있어 종합소득세를 절세할 수 있다.

증여세과세특례제도를 활용하여 주식을 자녀에게 사전에 증여하면 몇 가지 주의사항이 있다. 그것은 앞서 설명한 양도소득세 이월과세 요건과 같다.

법인으로 전환하는 경우에 양도소득세를 이월과세 해주는 것은 사업의 동질성을 훼손하지 않고 계속적으로 영위할 것임을 전제하기 때문이다. 따라서 법인으로 전환 후 주식을 다른 사람에게 양도하거나 증여하는 것은 마치 개인기업을 처분하는 것과 동일하기 때문에 세법에서는 이러한 경우에 이월과세한 양도소득세를 다시 부과한다. 다만, 50% 미만으로 주식을 처분하거나 5년이 지나고 나서 지분을 처분한다면 문제되지 않는다. 즉 법인전환 후 K 대표가 갖고 있는 100%의 회사주식 중 49.99%까지는 자녀에게 바로 증여해도 되고 이때 증여세과세특례제도를 활용하여 주식을 증여한다면 증여세를 크게 줄여 자녀에게 물려줄 수 있다.

---

* 배당금은 법인단계에서 법인이 얻은 소득에 대해 법인세가 부과된 뒤, 주주가 배당금을 받으면서 배당금에 대한 소득세가 한번 더 과세되는 '이중과세' 문제가 있다. 따라서 우리나라 세법에서는 이와 같은 '이중과세'를 조정하기 위해 배당세액공제라는 제도를 두어 문제를 해결하고 있다.

개인이냐 법인이냐 모습만 다를 뿐, 경제적 실질은 동일하기 때문에
법인으로 전환하는 시점에 양도소득세 이월과세 세제혜택을 부여하는 것임.

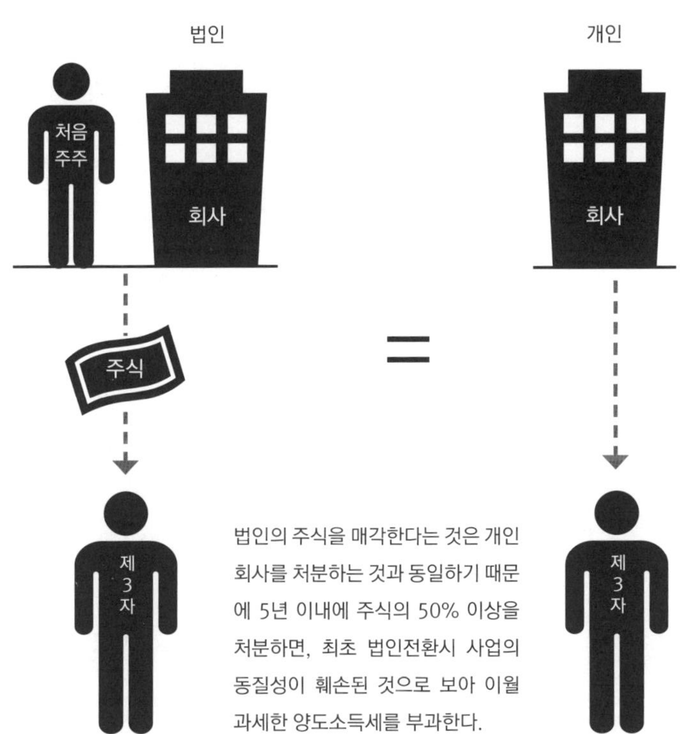

법인의 주식을 매각한다는 것은 개인
회사를 처분하는 것과 동일하기 때문
에 5년 이내에 주식의 50% 이상을
처분하면, 최초 법인전환시 사업의
동질성이 훼손된 것으로 보아 이월
과세한 양도소득세를 부과한다.

법인전환 후 K 대표가 갖고 있는 100%의 회사주식 중
49.99%까지는 자녀에게 바로 증여해도 되고 이때 증여세과세특례제도를
활용하여 주식을 증여한다면 증여세를 크게 줄여 자녀에게 물려줄 수 있다.

K 대표가 법인으로 전환 후 자녀에게 어느 정도의 지분을 증여하느냐에 따라 절세액이 달라진다. K 대표가 운영하고 있는 개인기업의 자산은 약 200억이다. 부채는 약 100억 정도로 자산에서 부채를 차감한 순자산가액은 약 100억이었다. 법인으로 전환 후 법인의 자본도 약 100억 규모였다.

이미 살펴본 바와 같이 증여세과세특례제도를 활용하면 5억까지는 증여세가 전혀 발생하지 않는다. 이를 바탕으로 증여세가 나오지 않는 지분율을 역산하면 약 5%에 해당한다. 즉 5%까지는 K 대표가 자녀에게 증여해도 증여세가 한 푼도 발생하지 않는다. 그리고 양도소득세 이월과세 규정의 사후관리요건으로 인해(법인기

증여지분율	일반증여세	증여세과세특례	절세액
5%	74,400,000원	0원	74,400,000원
10%	209,250,000원	50,000,000원	159,250,000원
15%	390,600,000원	100,000,000원	290,600,000원
20%	576,600,000원	150,000,000원	426,600,000원
25%	762,600,000원	200,000,000원	562,600,000원
30%	948,600,000원	250,000,000원	698,600,000원
35%	1,176,450,000원	350,000,000원	826,450,000원
40%	1,408,950,000원	450,000,000원	958,950,000원
45%	1,641,450,000원	550,000,000원	1,091,450,000원
49,99%	1,873,950,000원	650,000,000원	1,223,950,000원

업으로 전환한 뒤 5년 이내라면) 50% 미만으로 밖에 자녀에게 증여하지 못하므로 K 대표는 49.99%까지 자녀에게 주식을 증여할 수 있다. 이를 5% 별로 나누어 계산하면 산출되는 절세액을 한눈에 파악할 수 있다.

사실 위의 절세액은 자녀에 대한 증여재산공제 5천만원과 과거 10년 동안 증여를 한 사례가 없다는 전제하에 계산된 것이다. 따라서 사전에 증여를 한 적이 있다면 절세액은 훨씬 더 커진다. 일반적으로 증여는 과거 10년 동안의 증여재산을 모두 합산하여 증여세가 계산되기 때문이다. 즉 증여세과세특례는 다른 재산과 합산하여 증여세가 산출되지 않기 때문에 실제로 훨씬 막강한 위력을 가진다. 어떻게 결정할 것인가? 내가 K 대표라면 크게 고민하지 않는다.

Key Point

※ 회사주식을 증여할 때에도 가업상속공제제도와 같은 증여세과세특례제도를 활용해 증여세를 절세할 수 있다.
※ 증여세과세특례제도는 개인기업은 신청이 불가능하다. 따라서 반드시 법인으로 전환해야만 한다.
※ 법인전환 후 증여세과세특례제도를 활용하려는 경우, 전환 후 5년 이내에 50% 이상의 주식을 증여한다면 이월과세된 양도소득세가 부과될 수 있으니 주의가 필요하다.

Q _ 자녀에게 돈을 빌려주려는 경우

A _ A는 결혼을 앞둔 자녀를 위해 전세자금을 지원해줄 예정이다. 그런데 전세자금을 '주는 것'과 경제적 독립을 명확하게 하기 위해 '빌려주는 것' 사이에서 고민이다. B는 거액의 현금을 자녀에게 '주는 것'을 고려 중이지만, 주변 친구들을 살펴보면 생각이 바뀐다. 증여 후 자녀가 자신을 부양하지 않을 경우 생계조차 위협받을 수 있기 때문이다. 이와 같은 경우 어떻게 하는 것이 가장 바람직할까?

빌려주는 것의 장점 1 – 당장 거액의 세금 부담이 적다

돈을 '주는 것'과 돈을 '빌려주는 것'은 다르다. 세법에서는 '주는 것'과 '빌려주는 것'을 구분하여 과세하고 있다. 가령 A와 B가 자녀에게 자금을 주면 '증여세'가 과세되지만, 빌려주면 이자에 대한 '소득세'가 과세된다. 따라서 당장의 세금 부담은 '빌려주는 경우'가 훨씬 적다.

빌려주는 것의 장점 2 - "너희들 하는 것 봐서 줄게"

쓸쓸한 이야기이지만, 부모가 가진 재산을 주기 전과 후에 부모를 대하는 자식들의 태도는 달라질 수 있다. 지금 당장 줘버리면 되돌리기 쉽지 않다. 하지만 빌려준다면 얘기는 다르다. 재산을 주고 생활비를 받는 경우 부모는 '부모'로서 생활비를 받게 되지만, 빌려주고 이자를 받는 경우에는 부모는 '채권자'로서 '이자'를 지급받는다.

한편, '빌려주는 경우'에는 '주는 시기'도 선택할 수 있다. 쉽게 말해, 이후 부모가 원하는 시기에 채무를 면제해줌으로써 '주는 경우'와 똑같은 효과를 낼 수 있다는 것이다. 다만, 채무를 면제하기로 결정한다면 채무면제이익에 따른 '증여세'를 납부해야 한다.

빌려줄 때 주의할 점 - 남에게 빌려주는 것과 똑같이 하라

하지만 자녀에게 자금을 빌려줄 때 주의해야 해야 한다. 현행 세법에서는 부모와 자녀 간 금전소비대차거래*에 대해서 증여한 것으로 '추정'하고 있기 때문이다. 이와 같은 규정은 과거 직계존비속간 금전소비대차거래가 흔하지 않았을 당시 제정된 것으로, 부모와 자녀 간 금전소비대차거래는 증여의 편법적 수단으로 사용되는 경우가 많아서 이를 증여로 '추정'한 것이다.

따라서 자녀에게 자금을 빌려주기로 마음먹었다면 제3자에게 빌려줄 때와 똑같이 할 필요가 있다. 가령 금전소비대차계약서를 작성하고 필요에 따라 공증 또는 인증을 받아두는 것이다. 이때 계약서에는 계약의 당사자, 금액, 기간 및 이자율 등을 구체적으로 정해야 하며,

---

* 금전을 빌려 사용하고 나중에 다른 돈으로 갚는 경우를 말한다.

자금은 금융기관을 통해 송금하는 것이 추후 금전소비대차거래임을 입증하기에 용이하다.

자녀와 금전소비대차계약을 하는 경우의 장단점

장점	단점
당장 증여세 부담이 없기 때문에 세금을 전혀 부담하지 않거나 적은 세금을 부담하면서 자녀에게 거액을 지급할 수 있다.	자녀에게 빌려주는 것일 뿐 증여하는 것은 아니므로 언젠가 증여할 때 세금이 발생하는 것은 마찬가지다.
채권자로서 자녀에게 정당한 이자를 받을 수 있으므로 안정적인 소득을 얻을 수 있다.	이자에 대한 소득세가 발생할 수 있으므로 오히려 손해일 수 있다.
원하는 시기에 채무를 면제함으로써 증여의 시기를 선택할 수 있다.	자녀에게 돈을 빌려주었다는 것을 입증하기 위한 비용이 소요된다.

한편, 현행 세법에서는 대여자금의 규모가 1억 이상이고 약정된 이자율이 연 4.6% 미만인 경우에는 4.6%에 해당하는 이자와 약정된 이자의 차이를 증여로 보아 과세하고 있다. 예를 들어, 자녀에게 10억을 빌려주면서 3%의 이자를 수취하기로 약정한 경우에는 4.6%와 3%의 차이인 1.6%의 이자율 만큼 증여한 것으로 보아 1천6백만원에 대해 증여세가 부과된다. 하지만 위의 이자에 대한 증여세처럼 이자의 차이가 1천만원 미만인 경우에는 아예 증여세부과대상에서 제외시키고 또 1천만원이 넘어가더라도 직계존속으로부터 받은 증여는 10년간 5천만원까지 공제되므로, 5천만원에 달할 때까지 납부할 증여세는 없다.

11

자녀가 많은 개인사업자는 무조건 법인으로 전환하라

몇 년 전 의뢰인의 집을 방문한 적이 있었다. 그는 자녀들과 가족회의를 하고 있었다. 의뢰인의 상속인은 배우자와 자녀를 포함해 9명이었다. 그런데 의뢰인의 재산은 상속인들에게 나눠 줄만큼 충분하지 않았다. 그의 재산은 자신이 거주하고 있는 집과 직접 운영하던 개인사업이 전부였는데, 문제는 대부분의 재산이 개인사업에 속해 있다는 것이었다. 재산규모가 가장 큰 부동산은 사업용으로 사용되고 있었다.

상속세를 내자니 부동산을 팔아야 할 것 같고, 가업상속공제를 받자니 자녀 중 한 명을 승계자로 정해야 한다는 것이 걸렸다. 당시에는 가업상속공제를 적용 받으려면 유류분을 제외한 모든 주식을 승계자 한 명에게 모두 상속해야 했다. 따라서 승계자로 지정된 한 명이 상속받도록 유언 등을 남겨야 했다. 하지만 지금은 법이 개정되어 승계자 한 명만 정한다면 법정상속분만큼은 다른 상속인에게 상속되어도 가업상속공제를 적용할 수 있다. 유언 등을 남길 필요성이 그만큼 줄어든 것이다. 어쨌거나 상속

세 측면에서는 가업상속공제를 받는 것 외에는 다른 뾰족한 수가 없었기 때문에 이러한 사실을 안내하고 나는 다시 돌아왔다.

며칠 뒤, 의뢰인의 자녀 여러 명에게 연락을 받았다. 아버지를 설득해서 자신이 승계자가 될 수 있도록 도와 달라는 이유였다. 상속 시점이 다가오면 어느 집이나 상황은 비슷하다. 특히 공평하게 나눌 수 없고, 상속인까지 많다면 상속분쟁으로 번지는 경우를 심심치 않게 목격한다. 따라서 가급적이면 생전에 미리미리 상속을 어떻게 할지 분명히 하는 것이 매우 중요하다. 유언을 남기는 것도 좋은 방법이다.

그래서 이번에는 자녀가 많은 경우에 어떻게 의사결정을 내리면 좋을지에 대해 이야기 하겠다. 특히, 개인기업을 운영하고 있다면 더욱 주목해 볼만하다.

사례

　약 2년 전에 컨설팅을 나간 회사였다. 그 회사는 법인이 아닌 개인사업의 형태로 운영되고 있었고 사업자등록부상 대표는 의뢰인의 아버지였으나 실제로 의뢰인인 L 씨(40세)가 운영하고 있었다. 원래는 L 대표의 아버지 혼자 시작한 사업이었지만 건강 문제로 L 대표가 투입된 것이다. 그러다 최근에는 L 대표가 단독으로 운영을 하고 있었다.

　회사는 아버지 개인명의로 된 부동산이 있었으며 그것은 사업에 직접 사용되고 있었다. L 대표의 아버지는 배우자와 슬하에 8남매가 있었다. 문제는 L 대표의 아버지가 다른 재산이 거의 없는 상태라, 추후 상속재산으로 인한 분쟁이 생길 가능성이 크다는 것이었다. 그런데 이보다 더 큰 문제는 단순히 상속재산을 둘러싼 자녀들 간의 갈등이 아니라, 그 결과로 L 대표가 사업을 접어야 할 수도 있는 상황으로 내몰릴 수 있다는 것이었다.

　단순하게 생각해보자. 피상속인의 모든 재산이 개인기업 하나인데 상속인은 9명이다. 앞으로 어떻게 될 것 같은가?

　8남매 중 누군가는 L 대표가 해왔던 사업이 망하던 말던, 일단 자신만 생각하는 의사결정을 내릴 수 있다. 따라서 상속재산을 지분이 아니라 '현금'으로 받으려 할 수 있다. 이러면 회사재산을 처분하는 수 밖에 없다. 회사가 공중분해 되는 것이다.

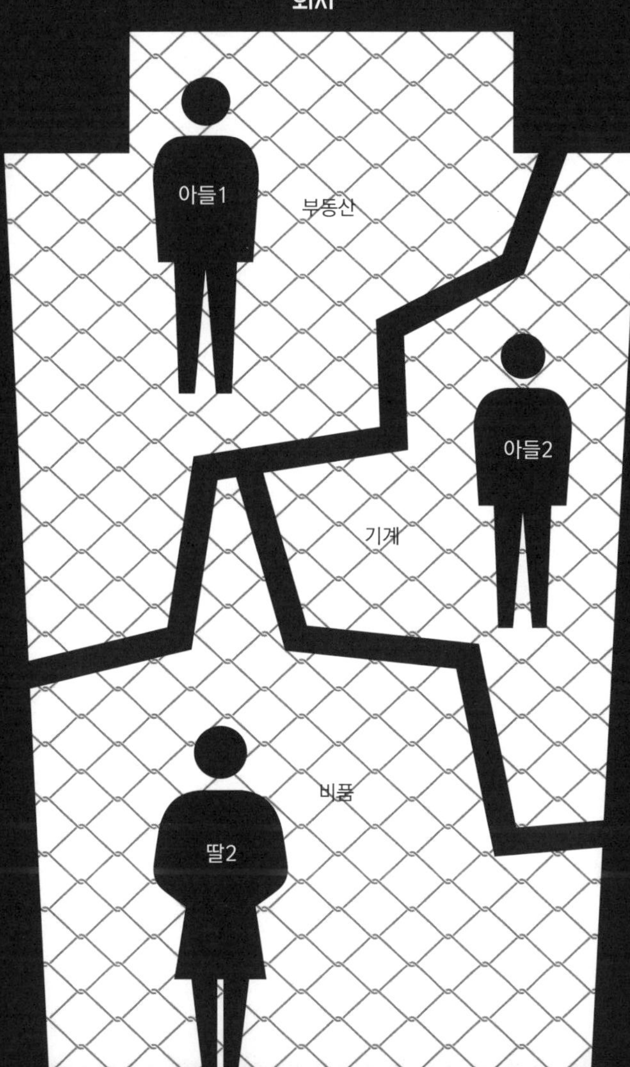

회사
아들1
부동산
아들2
기계
비품
딸2

나는 이러한 상속재산에 따른 분쟁을 많이 봐왔다. 그래서 L 대표에게 이런 일이 생기지 않도록 예방해야 한다고 조언했다. 하지만 L 대표는 형제간 우애가 깊어 절대로 그런 분쟁은 생기지 않을 것이라고 단언했다.

그렇게 2년이 흘렀다. 다시 L 대표에게 전화가 와서 미팅을 가졌다. 그는 그때 나의 조언대로 처리하지 않은 것이 무척이나 후회된다고 말했다. 이야기를 들어보니, 8남매 중 누나들이 요즘 아버지를 모시고 여기저기 다니며 이런저런 이야기를 한다는 것이었다. 대략 요지를 설명하면, 아버지가 많이 연로해지셔서 그런지 전과 달리 누나들에게 휘둘리고 있다는 것이었다. 그리고 L 대표는 누나들이 그럴 줄 몰랐다며 배신감을 느낀다고 했다. 2년 전 내가 L 대표에게 그렇게 신신당부했던 문제가 드디어 터진 것이다.

자녀가 많은 경우에는 어떻게 상속 할 것인지 부모가 미리 결정을 하는 것이 아주 중요하다. 누가 얼마를 갖느냐는 관계가 없는 이야기다. 자녀간 분쟁이 생기지 않도록 부모가 예방해야 한다.

L 대표 입장에서는 아버지를 설득해서 법인으로 전환하는 것 외에는 회사재산을 지킬 수 있는 다른 방법이 없었다. 그리고 모든 상속재산을 L 대표에게 상속한다는 취지의 유언도 받아야 했다. 실제로 모든 재산을 L 대표에게 상속한다고 아버지가 유언해도 유

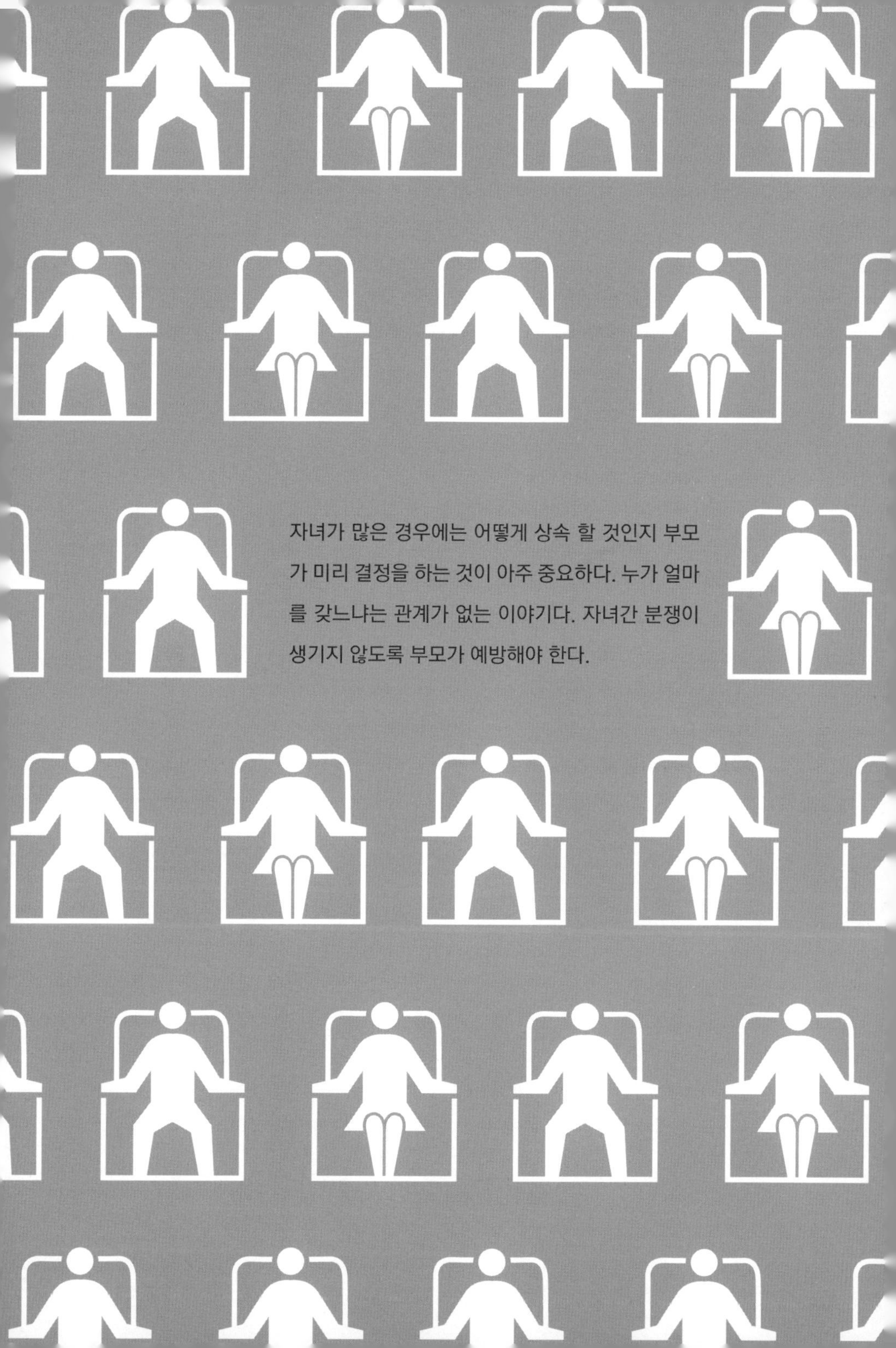

자녀가 많은 경우에는 어떻게 상속 할 것인지 부모
가 미리 결정을 하는 것이 아주 중요하다. 누가 얼마
를 갖느냐는 관계가 없는 이야기다. 자녀간 분쟁이
생기지 않도록 부모가 예방해야 한다.

류분만큼은 다른 상속인들이 상속받기 때문이다.

L 대표는 상당히 억울할 수 있다. 내가 그의 대리인이기 때문이기도 하지만, 자신이 거의 20년 가까이 아버지와 함께 키워온 사업인데 이제 와서 모든 것이 사라질 수도 있게 생겼으니 말이다.

그래서 나는 L 대표에게 다음과 같은 '회사재산 지키기' 솔루션을 제안했다.

[1단계] 개인기업을 현물출자를 통해 법인으로 전환한다.
[2단계] 모든 재산을 L 대표에게 상속한다는 유언을 통해 승계자를 L 대표로 정한다.
[3단계] 상속세 신고시 가업상속공제를 신청한다.
[4단계] 상속 후 어머니와 다른 상속인의 주식을 인수한다.

이대로 실행한다면 L 대표는 회사재산을 지킬 수 있다. 부동산 및 사업용자산의 소유권이 모두 법인명의로 바뀌기 때문이다. 다만, 상속 후에는 문제가 발생할 수 있다. 법인으로 전환하면 상속재산이 주식으로 바뀌는데, 나중에 상속인들이 주식을 상속받아 의결권 행사를 통해 부동산 따위의 회사재산을 처분할 수 있기 때문이다.

그래서 아버지를 설득해 유언을 남기는 것이 매우 중요하다. 앞에서도 설명한 것처럼 모든 재산을 L 대표에게 주고 싶어도 현행 상속법상 그렇게 할 수 없다. 유류분 때문에 L 대표가 가질 수 있는 지분은 55%가 최대다. 즉 아버지가 모든 재산을 L 대표에게 상속한다고 유언해도 나머지 45%의 지분은 어머니와 다른 형제들에게 돌아간다.

하지만 이렇게 했다고 모든 문제가 해결되는 것은 아니다. L 대표가 회사재산을 온전히 지키기 위해서는 전체 주식의 2/3가 필요하다. 상법상 주주총회 특별결의를 위해서는 전체 주식의 2/3가 필요하기 때문이다. 즉 L 대표는 우호주주가 필요한 것이다. 따라서 L 대표는 어머니와 다른 형제들을 설득해서 그들의 주식을 인수하는 것이 최선이다.

내가 조언한 방법은 회사도 지킬 수 있지만 세금도 아낄 수 있다. 가업상속공제를 적용하면 상속인들이 내야하는 세금이 전혀 없다. 현물출자로 법인전환을 하면 과거 개인기업 시절부터의 업력을 그대로 인정받기 때문에 요건에 대한 걱정도 없다. 게다가 취득세도 아낄 수 있다. 앞서 설명한 것처럼 법인전환시에는 취득세가 감면된다. 물론 2년 이내에 아버지가 사망한다면 취득세 감면분은 해당사항이 없을 수 있으므로 주의는 필요하다.

사실 위 효과만 보면 너무 L 대표 입장에서만 유리하게 처리되는 것이 아닌가 싶을 수 있다. 하지만 주식으로 상속하면 다른 상속인들 입장에서도 결코 나쁘지 않다. 이후 회사로부터 배당금을 받을 수 있기 때문이다. 다른 상속인들도 지속적인 수입을 올릴 수 있다.

특히, 당장의 큰 돈보다 꾸준한 수입이 필요한 L 대표의 어머니 같은 경우에는 더욱 그렇다. 배당은 1년에 2회 실시할 수 있는데 회사가 배당금을 지급할 여력이 있다면 어머니 생활비 정도는 배당금을 통해 충분히 해결할 수 있다.

다만, 배당 여부는 전적으로 주주총회에서 결정할 일이기 때문에 배당 하지 않을 경우를 방지하기 위해, 일정한 이익이 발생하면 배당을 한다는 주주간의 계약을 체결할 필요는 있다.

주식으로 상속받으면 배당을 받는다는 장점만 있는 것이 아니다. L 대표가 다른 상속인들의 주식을 인수할 수 있는 여건이 되었을 때, 다른 상속인들이 L 대표에게 주식을 처분하여 현금화할 수도 있다. 어차피 L 대표는 지분을 모두 확보하는 것이 중요하고 다른 상속인들은 주식으로 갖고 있는 것보다 이를 처분하여 현금화 하는 것이 더 낫다. 그리고 양도소득세도 주식으로 처분하여 내는 것이 더 유리하다. 따라서 상속인들 입장에서도 결코 나쁘지 않다.

Key Point

※ 개인자산을 현물출자하여 법인으로 전환하면 자녀가 많아 분쟁이 생겨도 회사재산을 지킬 수 있다.

※ 상속인이 많다면 유언을 남겨 이후에 생길 수 있는 분쟁을 예방할 수 있다.

※ 주식을 상속하면 배당금을 받기 때문에 안정적인 수입을 올릴 수 있다. 또한 상속인들은 적절한 시기에 주식을 처분해 목돈을 마련할 수 있다.

나는 젊은 지휘자가 되고 싶지 않다.

새로운 고객을 만나면 항상 나이가 어떻게 되냐는 질문을 듣는다. 평소 피부관리를 열심히 받기 때문에 그런 것은 아닐 것이다. 실제로 젊기 때문이다. 내가 회계사로 일을 시작한 때가 27살이었다. 그로부터 9년이 흘렀다.

젊은 대리인은 경험이 부족할 것이라는 의구심도 주지만 열정이 있을 것이라는 기대도 갖게 만든다. 나도 예외가 아니다. 간혹 나를 처음 만나는 사람들은 정말 경험이 많을까 하는 의구심을 갖는다. 하지만 나에 대한 정보를 갖고있는 사람들은 주저 없이 업무를 맡긴다. 보통 상속이나 증여컨설팅과 같은 업무는 다른 사람을 통한 소개가 대부분이다. 업무 한 건이 무사히 완료되면 그 고객은 비슷한 처지에 놓인 지인들에게 연결시켜 준다.

상속이나 증여컨설팅은 최신 트렌드를 아는 것이 무엇보다 중요하다. 젊다는 것은 최신 판례나 개정세법을 업데이트 해나가며 업무를 할 수 있다는 측면에서 큰 장점이다. 그리고 이런 장점을 살려 업무를 하다 보니 자연스레 풍부한 경험을 쌓을 수 있었다.

세법은 공부하면 할수록 그 깊이를 도무지 가늠할 수 없다. 그만큼 방대하고 폭넓은 법률지식을 요구하기 때문에 이해를 했어도 혹시 놓치고 있는 의미가 숨어있지 않을까 하는 염려가 늘 뒤따른다. 그래서 서로 도와가며 공부하고, 고민을 나누었던 사람들에게 늘 감사함과 소중함을 느낀다.

지금까지 회사를 경영하는 대표들로부터 많은 이야기를 들었다. 그들은 내게 젊음이 무기라며 실무를 할 수 있을 때까지 해보라는 격려를 자주한다. 나도 그렇게 생각한다. 계속 일선에서 뛰고 싶다. 그리고 그것은 나의 원칙이다. 일을 손에서 놓는 순간부터 실무적인 감은 당연히 떨어지기 때문이다. 물론 내가 채용한 세무사도 여럿 있다. 그들이 충분히 내 업무를 서포트 해줄 수 있을 것이라 믿어 의심치 않는다. 하지만 능력이 되는 한 나는 결코 실무를 손에서 놓지 않을 것이다.

12

자신의 부동산을 자신의 법인에 빌려주고 있다면 두 개를 합쳐라

개인이 부동산을 취득할 때와 법인이 부동산을 취득할 때 취득세에서 차이가 발생하는 경우가 있다. 법인이 특정 지역에 소재하는 부동산을 취득하는 경우에는 중과세율이 적용되어 원래 부담해야 하는 취득세에 3배를 내야 한다.

이로 인해 법인명의로 부동산을 취득하지 못하고 개인명의로 부동산을 취득한 뒤, 법인에게 임대를 주는 형식을 취하는 경우가 빈번하게 발생하고 있다. 이것은 오래 전부터 지금까지 지속된 문제다. 이렇게 되면 오래 전에 법인을 설립했어도 이 부동산은 사업에 직접 사용하는 사업용 부동산이 아니라 임대에 사용하는 비사업용 부동산이기 때문에, 부동산에 대해서는 가업상속공제를 적용 받지 못한다. 즉 상속세를 한 푼도 줄이지 못한다.

어떻게 보면 억울하다고 할 수 있다. 왜냐하면 부동산이 개인명의인 경우와 법인명의인 경우가 (내가 100% 소유하고 있는 회사가 내 소유의 부동산을 법인기업에 직접 사용하는 경우와 애초에 해당 부동산을 내가 취득한 것이 아니라 내가 100% 소유하고 있는 회사가 취득하여 법인기업에 직접 사용했다고 한다면) 사실상 경제적 차이는 없지만, 단순히 누구의 명의로 되어 있는지 여부에 따라 상속세를 모두 내거나 전혀 부담하지 않을 수 있기 때문이다.

만약 부동산을 취득했을 때 애초에 법인명의로 취득했다면 어땠을까? 당연히 지금 시점에는 법인이 직접 사용하는 부동산이기 때문에 가업상속공제를 통해 상속세를 전혀 부담하지 않을 수 있다.

사례

　경기도에서 건설자재를 제조하여 판매하는 법인기업 대표 M 씨(60세)는 약 20년 전 부동산을 개인명의로 취득하여 지금까지 법인에 임대를 주고 있었다. M 대표가 보유한 부동산은 취득 당시 약 5억에 불과했으나 현재의 시가는 약 70억에 이른다. 배우자와 자녀 4명이 있는 그는 자녀들 중 1인에게 회사를 물려줄 계획이었다. 회사의 주식가치도 약 20억에 이르렀기 때문에 M 대표는 가업상속공제를 염두하고 있었고 승계자는 이미 회사에서 수 년 전부터 일을 하고 있었다.

　M 대표는 회사주식에 대해서는 어차피 가업상속공제를 준비하고 있었기 때문에 별다른 걱정이 없었지만 자신이 회사에 임대를 주고 있는 부동산을 어떻게 해야 할지 큰 고민에 빠져 있었다. 이제 와서 법인명의로 바꾸기 위해 양도를 하자니 거액의 양도소득세 및 취득세가 부담스러웠고 그렇다고 상속을 하자니 현금이 없는 상황에서 어떻게 상속세를 상속인들이 부담할 수 있을지 걱정되었다. 이런 상황에서 나를 만났다.

Solution

부동산은 이미 수 차례 언급한 바와 마찬가지로 상속세를 줄이기가 매우 어려운 자산 중 하나다. 그래서 대부분의 부동산 관련 절세솔루션은 부동산을 주식으로 바꾸라는 것이다. 문제는 그 방법이다. 왜냐하면 바꾸는 과정에서도 세금과 비용이 발생하기 때문이다.

나도 M 대표 입장에서 한참 동안 고민했다. 즉답을 할 수 없어 사무실로 돌아와 이런 저런 방법을 떠올려 보았다. 물론 큰 그림은 이미 정해져 있었다. 결국 주식으로 바꾸는 것인데 어떻게 바꿀까. 그리고 고민 끝에 좋은 아이디어 하나를 떠올렸다.

"그래! 법인기업과 개인기업을 합치는거야!"

M 대표의 문제는 바로 회사와 부동산이 분리되어 있다는 것인데 그 둘을 한 몸으로 만들 수 있다면 해결책이 나올 수도 있었다. 그리고 이 방안으로 부동산을 회사에 넘길 것이 아니라 부동산에 회사를 넘기는 것을 생각했다. 즉 회사의 사업을 개인이 포괄적으로 양수하여 개인기업으로 전환한 뒤 개인기업에 부동산을 직접 사용, 가업상속공제를 통해 부동산 상속세를 줄이고자 했다.

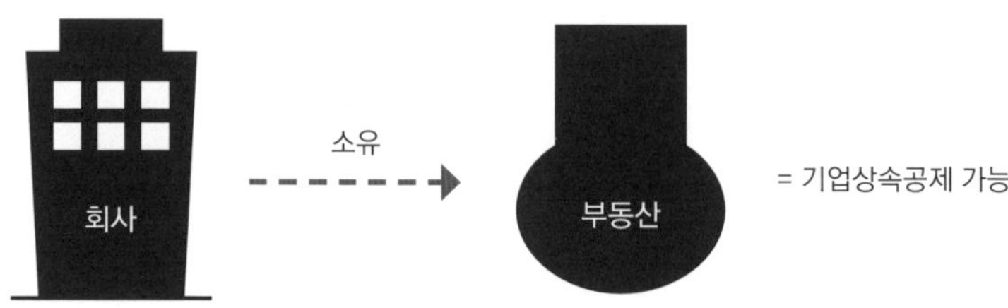
회사
소유
부동산
= 기업상속공제 가능

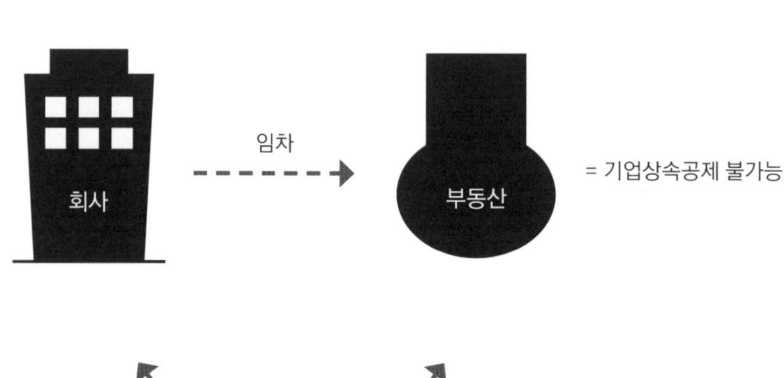
회사
임차
부동산
= 기업상속공제 불가능

임대
소유
개인

하지만 문제가 있었다. 바로 가업의 영위기간이었다. 가업상속공제는 최소 10년 이상 계속 경영할 것을 전제로 하기 때문이다. 물론 M 대표는 법인을 운영 한지 20년이 넘었다. 그러나 법인기업을 개인이 포괄적으로 양수하는 경우에도 법인의 운영기간을 포함하여 가업의 영위기간으로 볼 수 있는지가 의문이었다.

관련 유석해석에 따르면 개인사업사가 영위하던 가업을 동일한 업종의 법인으로 전환하는 경우에는 개인사업자가 영위하던 가업의 영위기간을 법인으로 전환하고 난 이후에도 가업의 영위기간에 포함해 산정한다. 그러나 법인이 운영하던 사업을 개인이 인수하는 경우에는 가업의 영위기간을 산정할 때 법인으로 운영하던 기간까지 가업의 영위기간에 포함해 산정할 수 있는지에 대한 유권해석은 없었다. 즉 M 대표 경우에는 가업상속공제를 적용할 때 법인으로 사업을 하던 기간을 포함해 가업의 영위기간을 계산할 수 있는지가 불분명했다.

내 판단에는 법인으로 사업하던 기간을 가업의 영위기간에 포함해 계산하는 것은 어려워 보였다. 그래서 결론적으로 개인기업으로 전환 후 10년이 지나야만 가업상속공제가 가능할 것으로 판단했다. 그렇다면 앞으로 10년이 문제라고 할 텐데, 다행이 M 대표는 60세에 불과하기 때문에 충분히 가업상속공제의 요건을 충족할 가능성이 있었다.

사실 내가 처음 이 방안을 생각한 것은 아니다. 함께 일하던 동료 회계사의 아이디어였다. 나는 처음에 다소 부정적이었다. 왜냐하면 법인의 사업을 개인이 양수한 뒤 사업을 운영하다 부동산과 함께 다시 법인으로 전환한다면, 애초에 법인에게 개인의 부동산을 양도한 것과 완전히 동일한 결과를 가져오기 때문이다. 따라서 개인기업을 계속 운영하다 법인전환을 지원하는 이 법의 입법 취지에 어긋난다고 생각했다. 그러나 지금은 다르다. 이 법이 개정된 내용을 살펴보면 충분히 이해할 수 있다.

양도소득세 이월과세는 조세특례제한법에 따라 적용 받을 수 있다. 그런데 조세특례제한법이 생기기에 앞서 조세감면규제법이 있었다. (구)조세감면규제법도 개정이 있었는데 1993. 12. 31. 법 개정 전에는 양도소득세가 감면되는 자산은 개인사업자가 당해 사업에 '1년 이상 사용한 사업용 자산'에 한정했다. 즉 개인기업을 최소 1년 이상 유지해야만 양도소득세 이월과세 적용이 가능했다.

그런데 이 법이 개정되면서 더 이상 '1년 이상 사용한 사업용 자산'에 국한되지 않게 되었다. 즉 개인기업을 얼마나 영위하였는지 기간에 관계없이 양도소득세 이월과세가 가능해졌다. 따라서 앞서 설명한 법인전환의 방법, 업종, 법인의 자본금 요건 등만 갖추게 되면 양도소득세 이월과세가 가능하게 된 것이다.

하지만 아이러니하게도 법에서 개인기업의 영위기간에 대해 더 이상 제한이 없게 되었음에도 불구하고, 실무적으로는 개인기업을 최소한 1년 이상 영위한 뒤 법인으로 전환한다. 물론 나도 그렇다. 아마 과거 (구)조세감면규제법상의 흔적이 남아있어 관행적으로 그렇게 하는 것 같다.

새로운 방안을 생각한다는 것은 무척 어렵다. 일단 그 방안이 실제로 현행 법률상 문제가 없는 것인지 꼼꼼히 따져봐야 한다. 그리고 그것도 관련 사항에 대한 충분한 지식이 있어야 가능하다. 또한 새로운 방안은 항상 예상치 못한 부분에서 문제가 될 수 있기 때문에 충분한 경험도 중요하다.

M 대표가 내 조언에 따른다면 부동산의 가치인 70억에 대한 상속세를 절세할 수 있다. 즉 결과적으로 상속세 약 35억을 줄일 수 있다. 이뿐만 아니다. 개인기업으로 사업을 하는 경우에는 종합소득세도 상당히 부담될 수 있는데, 개인기업을 부동산을 포함해 법인으로 전환하면 취득세와 양도소득세뿐만 아니라 종합소득세도 상당 부분 절세할 수 있다.

만약, M 대표가 처한 상황에서 개인명의 부동산을 법인명의로 바꾸기 위해 법인에 부동산을 양도했다면, 양도소득세와 취득세 등이 약 22억 정도 발생했을 것이다. 그러나 내 조언에 따라 처리하여 양도소득세와 취득세에 대한 부담없이 취득세 감면분의 20%

인 농어촌특별세 약 5천6백만원 정도만 부담했다. 도대체 얼마나 이득을 본 것인가?

Q _ 회사의 성장관리는 어떻게 하는 것이 좋을까?

A _ 적절한 의사결정을 내려야 안정적이고 꾸준히 성장하는 회사를 만들 수 있다. 회계사로 일하면서 회사 관리에 대한 질문도 많이 받는다. 특히 중요한 시점에 의사결정을 내려야할 때 더욱 그렇다.

내가 대리하는 회사 중 시작할 때는 소소하게 개인기업으로 시작하다가 지금은 연 매출이 700억에 이를 정도로 성장한 회사가 있다. 이 회사는 개인기업으로 급격히 성장하다 몇 년 전 법인으로 전환했다. 그리고 얼마 전 일부 자금을 대출받아 본사 사옥을 취득했다.

이 회사는 지금 시점에서 어떤 조언이 필요할까? 나는 이 회사 대표에게 향후 몇 년간은 최대한 부채를 갚는데 집중할 것을 조언했다. 왜냐하면 사업이라는 것이 옆에서 보면 잘 될 때도 있지만 그렇지 않을 때도 많기 때문이다. 아무리 성공가도를 달리는 회사라도 갑자기 불황이 찾아와 경기가 좋지 못한 상황에 부딪히면 급격히 위험이 증가할 수 있다. 따라서 사옥을 취득하면서 부담한 부채를 최대한 줄여야만 잠재적인 위험을 제거할 수 있다.

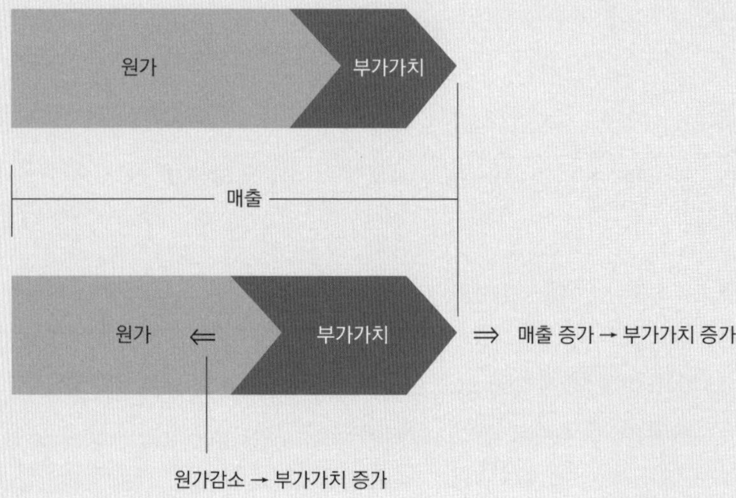

특히 요즘과 같이 가격경쟁력이 심한 경제구조에서는 부가가치를 늘리기 위해 매출을 증대하는 전략보다 비용을 통제하는 전략이 유효할 수 있다. 즉 일정한 수익을 내는데 매출을 더 이상 늘리기 어렵다면 비용관리를 통해 이익을 유지하거나 늘려나가는 것이 현명하다.

비용을 통제한다면 부정적으로 생각할 수 있겠지만 사실 그렇지 않다. 왜냐하면 회사가 성장해 나가는 과정에서는 불필요하게 소요되는 비용 또한 함께 증가하기 때문에 이런 비용을 줄여나가는 것은 바람직하다.

회사의 성장과정을 지켜보면 대체로 처음에는 개인기업의 형태로 사무실을 임차해 운영하다 종합소득세가 조금씩 부담스러워지면 법인기업으로 전환을 꾀한다. 그러다가 사무실을 이전할 때쯤 사옥 취

득을 고민하고 임차료를 내느니 이자를 내는 것이 유리하다는 의사
결정을 통해 대출을 받아 사옥을 취득한다. 여기까지 오는 대표들
은 많다. 하지만 사옥 취득에 대한 대출금을 모두 갚는 대표들은 많
지 않다. 따라서 반드시 부채를 모두 청산해야 안전하게 사업에 전
념 할 수 있다

부채가 많은 상황에서는 그만큼 위험에 취약하다. 매출액이 조금
만 줄어도 지출하는 고정비가 워낙 많기 때문에 바로 손실로 돌아설
수 있다. 이를 보다 쉽게 이해하기 위해서는 '공헌이익'이라는 개념을
이해하면 아주 좋다. 공헌이익이란 '판매가액 – 변동비용'이다. 즉
제품 한 개를 판매했을 때의 매출액에서 제품 한 개를 판매하기 위해
투입되는 변동비용을 차감한 것이다. 다시 말해 제품 한 개를 판매했
을 때 얻는 단위당 이익이다. 따라서 공헌이익이 고정비를 반드시 커
버해야 한다. 그러나 부채가 많은 상황에서는 매출액이 줄어들면 공
헌이익이 고정비를 커버하지 못하는 상황이 발생할 가능성이 커진다.

사실 대출을 받는 것과 임차료를 내는 것은 어차피 같은 것 아니냐
고 반문할 수 있겠지만 그렇지 않다. 왜냐하면 사무실을 임차해 사용
한다면 사업의 상황에 따라 유동적으로 규모를 줄여나가는 의사결정
을 할 수도 있으나 사옥을 취득한 경우에는 쉽게 움직이기 어렵기 때
문이다. 게다가 금융기관에서 압박하기 시작되면 사실상 회사 존속
자체가 위험해질 수도 있다.

따라서 대출액이 크다면 투자를 늘리는 것보다는 불필요한 비용
지출이 없는지 꼼꼼히 살펴보고, 부채를 줄이기에 집중하는 것이 좋
다. 그래야 회사가 쉽게 흔들리지 않고 안정적으로 성장할 수 있다.

13

회사를 여러 개 소유하고 있다면 지주회사 전환을 고려해라

지주회사란 다른 회사의 주식을 소유함으로써 사업활동을 지배하는 것을 주된 사업으로 하는 회사를 말한다. 쉽게 말해 특별한 사업활동을 하는 것이 아니라 다른 회사의 주식을 보유하고 그 회사들을 지배 및 관리하는 것이다.

갑자기 상속이나 증여 관련된 이야기에서 왜 지주회사가 나오나 싶겠지만 다 그럴 만한 이유가 있다. 지주회사를 통해 상속세나 증여세를 절세하기 위해서는 이미 수 차례 언급한 비상장주식의 평가방법을 제대로 이해해야 한다. 이제는 충분히 이해하고 있을 테니 더 이상 자세한 설명은 생략하겠다.

회사가 여러 개라면 다양한 방법을 선택할 수 있다. 지주회사뿐만 아니라 모회사, 자회사, 손자회사 등 수직적 출자구조를 형성하는 방법도 생각해볼 수 있다. 이 방법 또한 상속세 또는 증여세 절세방법에서 아주 좋은 방안 중 하나인데 이러한 방법이 통할 수 있는 이유는 마찬가지로 비상장주식의 평가방법이 일정한 방법으로 계산하도록 정해져 있기 때문이다.

그렇다면 구체적으로 어떻게 상속세나 증여세를 절세한다는 것일까? 궁금한가? 그렇다면 다음의 사례를 함께 살펴보자.

지주회사의 구조

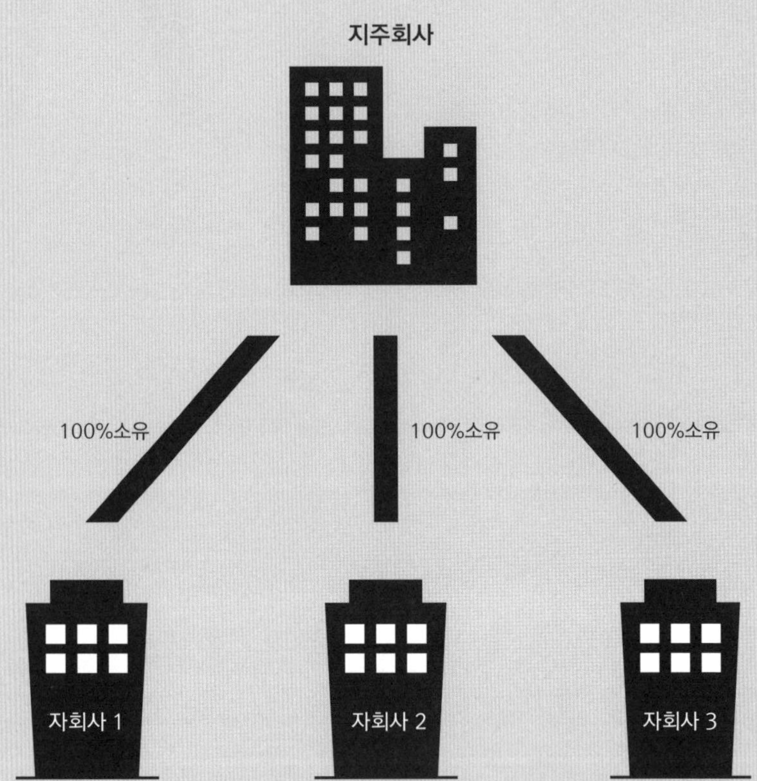

수직적 출자구조의 구조

사례

경기도에서 건설업을 하는 Y 씨(55세)는 총 3개의 회사를 운영하고 있다. 그의 재산 대부분은 회사주식이라 볼 수 있는데, 회사의 수익가치가 모두 상당하기 때문이었다. Y 대표는 그 밖에도 부동산과 약간의 금융재산이 있었다. 그가 보유한 회사주식의 가치는 3개 회사를 모두 합쳐 약 73억에 이르렀고 그 현황은 다음과 같았다.

항목	A회사	B회사	C회사
순손익가치	300,000원	250,000원	200,000원
순자산가치	100,000원	50,000원	10,000원
1주당 평가액	220,000원	170,000원	124,000원
보유주식수	20,000주	10,000주	10,000주
보유주식평가액	44억	17억	12억 4천만원

Y 대표도 여느 다른 의뢰인들과 마찬가지로 어떻게 하면 세금을 절세하면서 자녀에게 지분을 이전할 수 있을지 고민 중이었다. 그는 상속보다는 가급적 사전에 자녀에게 회사주식을 증여하기를 원했다. 따라서 회사의 주식가치가 이후에 어떻게 변동할지 보다는 지금의 주식가치가 어떻게 평가되는지가 더 중요했다.

Y 대표는 A회사, B회사 그리고 C회사의 주식가치를 낮추기 위

해 인위적으로 순손익가치를 조정하는 방안도 고민했으나, 생각만큼 쉽지 않다고 판단했다. 또한 특정한 시점에만 비정상적으로 순손익가치가 낮아진다면 상대적으로 이를 이상하다고 여긴 국세청에서 세무조사가 나오지 않을까 하는 걱정도 뒤따랐다. 결국 Y 대표는 아무런 결정을 하지 못한 채 나를 찾았다.

상속이나 증여컨설팅은 사람마다 회사마다 모두 상황이 다르다. 비슷한 재산을 갖고 있고 규모도 비슷하다면 거의 동일한 솔루션으로 해결될 것 같지만, 실제 업무를 진행하다 보면 그 특성에 맞춰 다른 솔루션으로 해결되는 경우도 있다. 물론 대부분은 전형적인 솔루션을 통해 진행된다. 단지 예외가 있을 뿐이다.

Y 대표는 최대한 빠르게 자녀에게 증여하기를 원했다. 그래서 나는 그에게 꼭 맞는 방법이 있을까 고민할 수 밖에 없었고, 그 과정에서 지주회사를 떠올린 것이다.

앞서 설명한 바와 같이 지주회사는 다른 회사를 주식을 소유함으로써 다른 회사를 지배하는 회사다. 세법에서는 비상장주식을 평가할 때 지주회사라고 해서 특별히 다른 방법으로 평가하지 않는다. 즉 Y 대표가 운영하는 회사들은 순자산가치보다 순손익가치가 훨씬 크다는 특징이 있는데, 만약 이 순손익가치를 줄일 수 있는 방법을 생각해낼 수 있다면 결과적으로 증여세를 줄일 수 있

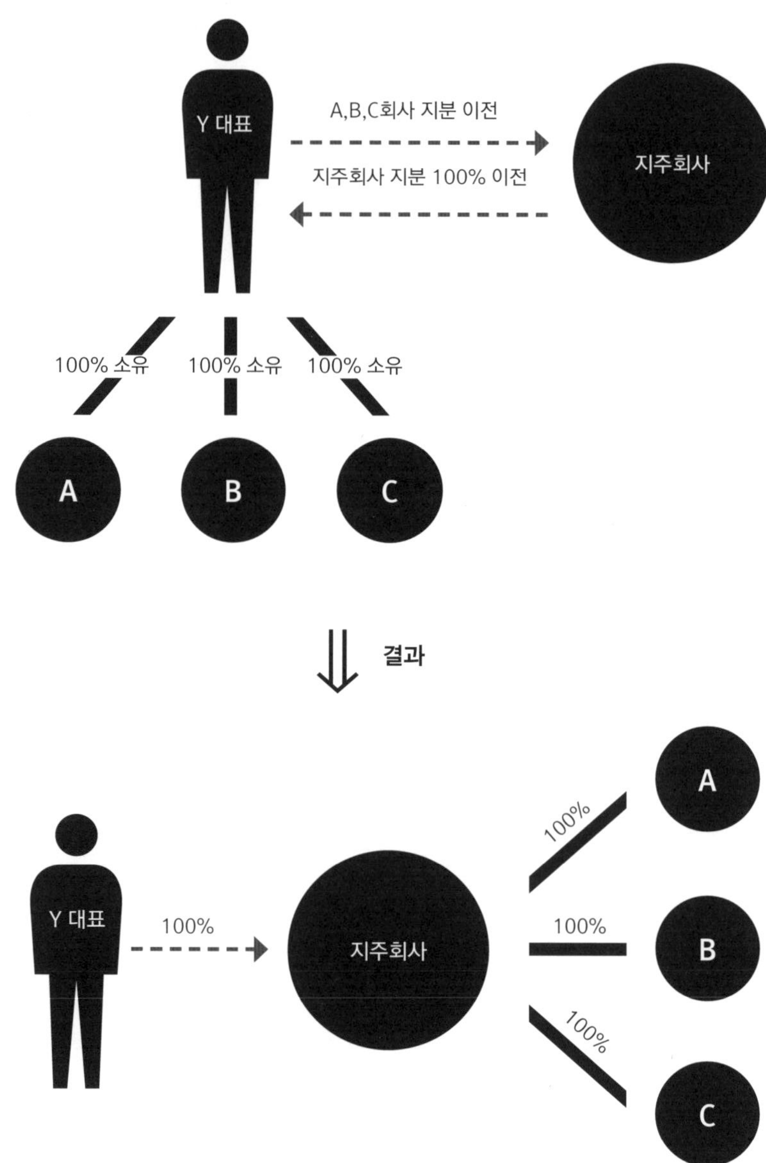
Y 대표
A,B,C회사 지분 이전
지주회사 지분 100% 이전
지주회사
100% 소유
100% 소유
100% 소유
A
B
C
결과
Y 대표
100%
지주회사
A
100%
B
100%
C
100%

는 것이다.

상법에서는 주식이전을 통한 지주회사 설립이 가능하다. 몇 개의 회사가 주식의 포괄적 이전에 의해 모회사를 설립하고, 몇 개의 회사는 스스로 완전자회사가 될 수 있다. 이때 완전자회사가 되는 회사의 주주는 소유하는 주식의 전부를 설립되는 모회사에 이전하고, 그 대신 설립되는 모회사의 주식을 배정받음으로써 완전모회사의 주주가 된다.

이처럼 Y 대표의 회사가 지주회사와 완전자회사 형태로 바뀌게 되면 주식을 평가하는 방법이 달라진다. 그는 더 이상 A회사, B회사, C회사의 주주가 아니기 때문이다. 단지 지주회사의 주식을 모두 갖고 있을 뿐이다. 따라서 Y 대표가 보유하는 주식의 종류와 가치도 달라진다.

지주회사 전환 후 Y 대표의 보유지분 현황

항목	지주회사
순손익가치	사실상 0원에 근접(∵배당을 거의 하지 않기 때문에)
순자산가치	7,340,000,000원 / 100,000주 = 73,400원
1주당 평가액	Max(0원x60%+73,400원x40%, 73,400원x80%) = 58,720원
보유주식수	100,000주
보유주식평가액	5,872,000,000원

어떤가? 단숨에 증여재산 약 15억의 가치를 줄일 수 있게 되었고, 이로 인해 약 7억의 증여세를 줄일 수 있게 되었다. 물론 이 방법이 당장 실현가능한 것은 아니다. 왜냐하면 지주회사는 신설회사이기 때문에 최소한 처음으로 재화 또는 용역의 공급을 개시한 시점에서 3년이 지나야 위와 같이 평가가 가능하다.

만약 Y 대표의 회사를 지주회사가 아니라 수직적 출자구조로 바꾸었다면 어떻게 되었을까? 그랬다면 증여재산 약 25억의 가치를 줄일 수 있고, 이로 인해 증여세 약 13억을 줄일 수 있다.

그렇다면 수직적 출자구조가 지주회사에 비해 더 효과적인 것일까? 주식평가만 놓고 보면 수직적 출자구조가 지주회사보다 주식가치를 더 낮춰 평가하는 것이 사실이다. 하지만 수직적 출자구조는 지주회사와는 결정적으로 다른 점이 있다. 그것은 바로 지주회사로 만드는 과정과 수직적 출자구조로 만드는 과정의 차이다.

지주회사는 앞서 설명한대로 Y 대표가 A회사, B회사, C회사의 주식을 지주회사에 출자하여 그 대가로 지주회사의 주식을 모두 취득하기 때문에 실제로 현금이 오고 가지 않는다. 하지만 수직적 출자구조를 만들기 위해서는 Y 대표가 C회사의 주식을 B회사에 처분해야 하고, B회사 주식을 A회사에 양도해야 한다. 즉 주식의 양도대가가 실제로 Y 대표에게 지급되어야 하는 것이다.

게다가 지주회사로의 전환은 주식의 포괄적 교환 · 이전에 대한 과세 특례로 인해 양도소득세가 이월과세 되지만, 수직적 출자구조로의 전환은 양도소득세를 내야하므로 차이가 발생한다. 따라서 지주회사와 수직적 출자구조는 어떤 방법이 더 유리하다고 말할 수 없다. 상황에 따라 유불리를 따져 판단해야 한다.

Key Point

Q _ 지주회사와 비교해볼 때 수직적 출자구조는 절세솔루션으로 어떨까?

A _ 지주회사를 염두하고 있다면 수직적 출자구조도 고려해 볼만하다. 형태만 다소 차이가 있을 뿐이지 기본적인 평가방법은 동일하다. 왜냐하면 비상장주식의 평가는 결국 순손익가치와 순자산가치를 가중평균하여 산출되기 때문이다. 즉 A회사가 B회사를 지배하고 있고 B회사가 C회사를 지배하는 구조라면, C회사의 주식가치는 B회사 입장에서 볼 때 B회사의 순자산가치에 영향을 미치고, B회사의 주식가치는 A회사 입장에서 볼 때 A회사의 순자산가치에 영향을 미친다. 즉 수직적 출자구조가 된다면 B회사와 C회사의 순손익가치는 A회사 입장에서는 순자산가치에만 영향을 미칠 뿐이지 순손익가치 자체에는 영향을 미치지 않기 때문에 A회사, B회사 그리고 C회사를 개별적으로 평가할 때보다 평가금액이 작아질 수 있다는 것이다.

만약 13장 사례에서 보듯이 지주회사 솔루션이 아니라 A회사가 B회사를 지배하고 B회사가 C회사를 지배하는 수직적 출자구조 솔루션이라면 A회사의 주식가치는 어떻게 변할까? A회사의 주식가치를 산출하기 위해서는 C회사의 주식가치를 평가한 뒤, 다시 B회사의 주식가치 평가에 C회사의 주식가치를 반영한다. 그리고 산출된 B회사의 주식가치를 A회사의 주식가치에 반영하여 산출하면 된다.

결과적으로 지주회사 형태 또는 수직적 출자구조 형태로 바뀐 뒤의 주식평가액은 개별회사일 때 주식평가액을 단순히 합한 것보다 항상 적을 수 밖에 없다. 왜냐하면 주식가치를 산정할 때 자회사 주식가치는 자산가치에만 반영되어 가중평균되기 때문에 개별회사를 합한 금액보다는 무조건 줄어들 수 밖에 없다. 즉 여러 번에 걸쳐 출자가 이루어질수록 주식가치는 점점 줄어들 수 밖에 없다.

14

보험은 정말 상속세를 절세할 수 있을까?

요즘 내가 상당히 많이 받는 질문 중에 하나가 바로 보험이 정말 상속세를 절세할 수 있느냐는 질문이다. 실제로 상속세 절세상담을 위해 의뢰인들을 만나보면 모두 적어도 한 개 이상의 보험은 가입하고 있을 정도다. 그렇다면 정말 보험은 상속세를 줄일 수 있는 것일까?

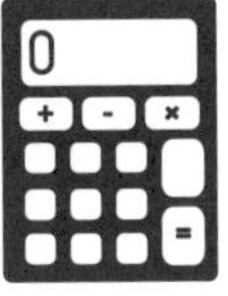

정답은 줄일 수도 있고 그렇지 않을 수도 있다. 즉 상황에 따라서 다르다. 그렇다면 구체적으로 어떤 상황에서 절세가 가능하고 어떤 상황에서는 의미가 없을까? 이 내용을 이해하기 위해서는 보험계약의 법적 형식 및 그 성질에 대한 이해가 필수이다.

보험계약은 미래에 불확실성을 담보하기 위해 일정한 보험금액 기타 급여를 지급할 것을 약정하는 계약을 말한다. 즉 확실하지 않은 상황에 대비하기 위해 보험료를 지불하고 나중에 약정한 어떤 상황이 발생하였을 때 보험금을 지급받는 것이다. 보험계약은 보험계약을 하는 보험계약자와 피보험자 그리고 보험수익자로 구성된다.

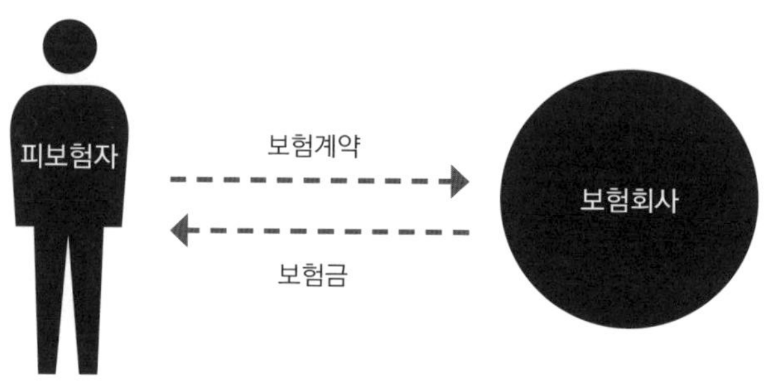

이때 보험계약자와 피보험자 그리고 보험수익자는 모두 동일인일 필요는 없다. 모두 다른 사람이어도 가능하다.

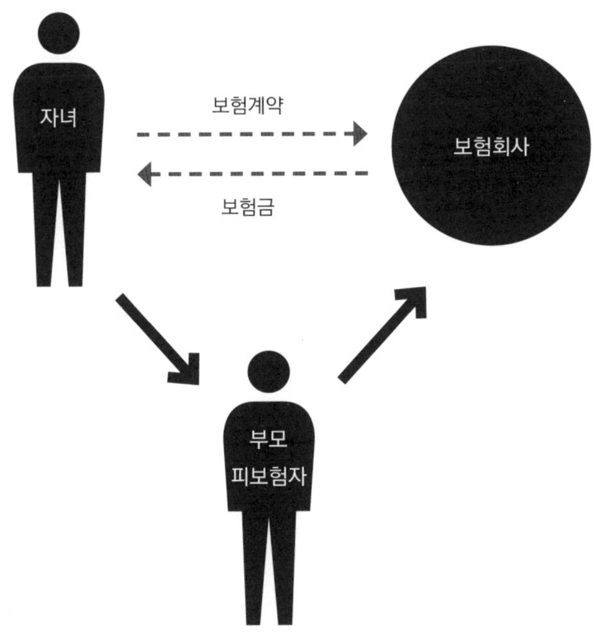

따라서 부모를 피보험자로 하여 자녀가 보험계약의 당사자가 될 수 있으며 동시에 보험수익자가 될 수 있다. 이를 정확하게 이해하기 위해서는 보험계약자, 피보험자 그리고 보험수익자에 대한 용어를 정확히 이해해야 한다.

용어 정의

보험계약자	보험계약을 체결하는 당사자로 보험료를 납입할 의무가 있는 사람
피보험자	보험사고 발생의 객체가 되는 사람
보험수익자	보험금을 받게 되는 사람

그렇다면 보험을 통한 절세는 어떤 경우인가? 보험금은 원래 민법상 상속재산이 아니다. 보험금은 상속인의 고유재산에 해당하기 때문이다. 하지만 민법상 상속재산이 아니라고 해서 상속세가 발생하지 않는 것은 아니다. 상속세 및 증여세법은 별도의 규정을 두어 보험금을 상속재산으로 보도록 규정하고 있다. 다만 상속재산으로 보는 보험금은 피상속인의 사망으로 인하여 받는 생명보험 또는 손해보험의 보험금으로서 피상속인이 보험계약자인 보험계약에 의해 받는 것에 한정하고 있기 때문에, 만약 보험계약자 및 보험수익자가 자녀라고 한다면 상속재산에 포함하는 상속재산이 아닌 것이다. 물론 보험계약자 및 보험수익자가 자녀라고 하더라도 실질적으로 보험료를 피상속인이 납부했다면 피상속인을 보험계약자로 보아 상속재산에 포함한다.

보험금이 상속재산에 포함되는지 여부

보험계약자	피보험자	보험수익자	상속재산 포함여부
부모	부모	부모	포함
부모	부모	자녀	포함
자녀	부모	자녀	불포함

※ 자녀가 보험계약자인 경우에도 실질적으로 부모가 보험료를 납부하였을 때는 상속재산에 포함되므로 주의해야 함.

따라서 부모가 보험료를 납입하고 보험금을 받는 경우에는 그 보험금은 상속재산에 포함되어 상속세가 발생하기 때문에 사실상 절세의 효과는 없다. 하지만 보험은 상속세 절세를 위해 가입하는 것이 아니라는 것을 이해해야 한다. 보험은 절세보다는 상속세 납부를 위한 재원으로 쓰기 위해 가입하는 것이 일반적이기 때문이다.

앞선 사례에서 살펴본 바와 마찬가지로 현금성자산이 부족한 경우에 상속세 재원을 마련하는 것은 상당히 중요하다. 현금성자산을 확보하지 못하면 상속세를 내기 위해 자산을 처분하는 과정에서 예상치 못한 손해를 볼 수 있기 때문이다. 따라서 예상되는 상속세액에 맞춰 보험에 가입하여 상속세 재원을 마련하는 것은 분명 합리적인 의사결정이다.

어디나 원칙을 지키지 않는 자들이 있다.

나는 사람들 앞에 서는 것을 좋아한다. 그래서 강의나 강연 등의 활동을 많이 하는 편이다. 그 중에서도 기자들 앞에서 했던 강연이 가장 기억에 남는다.

일반적으로 사람들은 공인회계사라고 하면 회계감사를 많이 떠올리고, 다시 분식회계와 연결 짓는다. 왜 그럴까? 정말 분식회계와 같은 결코 있어서는 안될 일들이 빈번하게 일어나는 것일까?

결코 그렇지 않다. 최소한 내가 공인회계사로 일하면서 느낀 바로는 그렇다. 그리고 주변의 동료 및 선후배들을 봐도 그 누구도 그런 일을 겪고 싶어하지 않는다. 그렇다면 대체 왜 그런 이야기가 도는 것일까? 이것은 매우 구조적인 문제다.

사실 회사에서 마음 먹고 분식회계를 하면 아무리 능력이 뛰어난 전문가라 해도 모두 찾아낼 수는 없다. 회사의 모든 자료를 전수로 조사할 수 없기 때문이다.

나는 공인회계사지만 조세업무만 주로 담당했기 때문에 회계감사에 대한 경험은 많지 않다. 그래서 보통 세법과 관련된 강연을 하는데, 당시 기자들 앞에서는 회계에 대한 기초지식을 강의했다. 그런데 기자들은 주로 분식회계에 대한 질문을 해서 강연은 주제와 멀어졌다. 게다가 질문도 상당히 날카로웠다.

나는 분식회계에 적극적으로 가담하는 전문가는 세상에 없을 것이라고 말했지만, 그들의 수 많은 질문을 받다 보니 나도 스스로를 한 번 돌아보았다. 정말 나와 같은 전문가들이 원칙에서 벗어나 있는 것일까?

사실 나도 업무를 하다 보면 절세인지 아니면 조세회피인지 헷갈리는 경우가 있다. 그래서 내가 하는 일이 도덕적으로 비판을 받을 일이 아닌가, 한 번쯤은 돌아본다. 그리고 그때마다 내가 그 사람이라면 어떤 의사결정을 할지 깊이 생각한 뒤, 그와 동일한 결정을 내릴 것이라고 판단되면 그제서야 업무를 맡는다.

사람들이 뉴스에서나 볼 법한 부정한 일들이 마치 일반적인 것처럼 생각할지는 몰라도 이것은 사실이 아니다. 언젠가는 회계사나 세무사라고 하면 우리나라에서 대표적으로 원칙을 준수하는 전문가로 인식되길 기대해본다.

상속과 증여컨설팅 노하우

나를 찾아오는 대부분의 고객은 부자다. 적게는 10억 정도부터 많게는 수 천억의 재산을 가진 사람들이다. 그들은 재산이 많던 적던 간에 세금을 적게 내고 싶어한다. 대한민국 국민이라면 누구나 마찬가지일 것이다.

앞서 설명한 대로만 하면 과연 세금을 줄일 수 있을까? 장담할 수 없다. 증여세나 상속세의 경우에는 사람마다, 상황마다, 재산상태마다 각각 다르기 때문에 공통적인 방법을 적용하기 힘들다. 따라서 각각의 주어진 상황에 맞춰 그에 알맞은 방법을 적용해야 한다.

그렇다면 도대체 그 상황에 알맞은 방법을 어떻게 찾는다는 말인가? 자, 그래서 지금부터 상속이나 증여컨설팅 업무를 할 때 어떻게 일을 진행하는지 설명하겠다. 일하는 순서와 방식을 이해할 수 있다면 나머지는 굳이 나를 만나보지 않아도 스스로 생각해볼 수 있을 것이다.

업무순서

[1단계] 고객의 모든 재산을 파악하라

가끔 특정 재산만 증여하거나 상속하는 경우를 가정해서 상담 받으려는 사람들이 있다. 회사주식을 자녀에게 물려주려 하는데 다른 재산은 쏙 빼고 해당 주식에 대해서만 고민을 하거나 특정한 부동산에 대해서 증여나 상속을 고민하면서 다른 재산 공개를 꺼리는 경우가 대표적이다.

이러면 제대로 된 솔루션을 조언할 수 없다. 가령, 주식에 대해서는 가업상속공제를 신청하여 세금을 줄일 것을 이미 결정한 상태에서 나대지를 창고업으로 사용해 추가로 가업상속공제를 적용받으려 한다면, 한도에 걸려 공제 받지 못할 수 있다. 이런 상황에서 전문가의 조언은 무의미 하다.

따라서 모든 재산을 파악해서 전체 재산 규모가 어느 정도인지, 재산의 구성은 어떻게 되는지, 특히 부동산을 통해 대출받은 부채의 규모가 어느 정도인지 등을 파악해야 한다.

[2단계] 현재 시점에서 증여세와 상속세를 계산해보라

어떤 솔루션이던 실제 세금을 어느 정도 줄일 수 있는지, 즉 어떤 방안을 실행했을 때 실익이 있는지를 검토하기 위해서는 숫자로 계산을 해봐야 한다. 현재 상태에서 당장 증여나 상속을 한다면 발생하는 세금을 알아야 어떤 방안이 가장 효과적인지 파악할 수 있다.

이 부분은 세금을 직접 계산해야 하는 어려움이 있기 때문에 전문가의 도움을 받아야 한다. 물론 어림짐작으로 계산할 수도 있지만 실제 제대로 계산했을 때와 다소 차이가 발생하는 경우가 많다.

[3단계] 수증인 또는 상속인의 직업, 소득수준 및 재산상태 등을 파악하라

증여나 상속이나 나중에 세무조사를 받는 것은 수증인 또는 상속인들이다. 따라서 그들이 어떤 경로로 재산을 형성했는지 입증하는 것은 증여세나 상속세 세무조사에서 아주 중요한 문제다. 특히 증여를 염두 한다면 누구에게 얼마를, 어떤 재산을 증여할 것인지 결정하기 위해 그 수증자의 직업, 소득수준 및 재산상태를 먼저 살펴봐야 한다.

이미 증여했거나 자녀의 소득수준이 높아 어느 정도의 재산을 갖고 있다면 매매계약이나 교환계약도 고려해볼 수 있다. 즉 자녀가 가진 재산 중 처분이 용이하지 않은 재산을 양수하거나 서로 이익이 되는 방향으로 가진 재산을 바꿀 수 있다. 물론 이때 중요한 것은 공정한 가액이다. 시가대로 거래해야 문제가 생기지 않는다.

재산을 물려받을 사람에 대한 정보는 아주 중요하다. 좀 더 안전하고 용이한 방법을 다양하게 선택할 수 있기 때문이다.

[4단계] 각 재산의 성격별로 솔루션을 마련한다

어차피 상속세가 발생한다면 어느 정도의 현금성자산은 그대로 상속을 하는 것이 낫다. 나중에 상속인이 현금으로 상속세를 납부해야 하기 때문이다. 따라서 예상되는 상속세를 제외한 나머지 재산에 대해 성격별로 방법을 강구해야 한다.

가령, 비상장주식을 갖고 있다면 가업상속을 할 것인지, 회사를 정리할 것인지 아니면 자녀의 회사와 M&A할 것인지 등을 결정해야 한다. 물론 회사 사정에 따라 그 시기는 조절해야 한다. 예를 들어, 이후 회사의 가치가 지금보다 훨씬 증가할 것으로 기대된다면 지금 당장 뭔가를 하는 것이 유리하고, 가치가 떨어질 것이라고 생각한다면 굳이 지금 뭔가를 하기 보다는 나중에 방안을 강구하는 편이 낫다. 물론 가치가 많이 하락할 것으로 예상한다면 굳이 상속이나 증여를 고려할 필요없다.

특히, 부동산의 경우 지금 어떤 선택을 하는지에 따라 부담하는 세금이 크게 차이 날 수 있기 때문에 신속한 의사결정이 중요하다. 만약 임대용 부동산을 법인으로 전환하거나 나대지 등을 개발할 것이라면, 지금부터 이후 몇 년간의 운영상태에 따라 가치변동이 크게 일어날 수 있기 때문에 그 효과를 고려한 결정을 빨리 내려야 한다.

그동안 증여나 상속컨설팅을 여러 건 수행하면서 깨달은 바가 있다. 그것은 시간을 갖고 차분하게 진행해야 문제 발생을 막을 수 있다는 사실이다. 이것은 앞서 세무조사의 한계에서 설명한 내용과 일맥상통한다. 즉 국세청 입장에서는 납세자가 천천히 일을 진행할수록 흘러가는 그림 전체를 파악하기 어려워진다.

[5단계] 각 솔루션의 효과를 분석하여 예상 세액을 계산해 비교하라

이제 각 재산별로 어떤 방법을 사용할지 결정했다면 실제 그 방법을 통해 얼마나 세금을 줄일 수 있는지 정확히 계산해야 한다. 이것은 지금 어떤 솔루션을 적용할지 결정하는 단순한 계산이 아니다. 실제로 잘 운영되고 있는지 주기적으로 확인하는 것이다.

사실 세액을 재산별로 계산할 수 있도록 한 번만 세팅해 두면 지속적인 시뮬레이션은 그리 어렵지 않다. 다시 계산할 때는 비용도 시간도 많이 줄기 때문에 지속적으로 관리해 나갈 수 있다.

[6단계] 유언장을 작성하라

이제 모든 결정은 끝났고 앞으로 변동사항이 생길 때마다 그 효과를 알 수 있도록 준비도 된 상태이다. 마지막 남은 절차는 유언장 작성이다.

혹시 유언도 법률행위라는 것을 아는가? 우리가 일반적으로 법률행위라고 하면 당사자가 최소 2명 이상이어야 한다. 하지만 유언은 어떠한가? 오직 나 혼자만의 의지를 담은 처분 문서를 작성하는 것이다. 따라서 일반적인 법률행위와 다르며 내가 죽고 나서 확인이 가능하기 때문에 나중에 뭔가 애매한 점이 발견되었다면 이를 명쾌하게 밝힐 수 있는 방법이 없다.

이러한 문제로 인해 현행 민법에서는 유언의 내용 중 애매한 점이 발견되면 이를 대부분 무효로 처리한다. 일반적인 법률행위보다 훨씬 엄격하게 해석한다. 따라서 유언을 할 때는 반드시 법률에서 정한 방법을 따라야 한다.

법률상 유언의 방법은 다섯 가지가 있으나, 이중에서도 '공정증서에 의한 유언'을 권한다. 이것은 어렵지 않다. 우리가 알고 있는 공증사무소에 방문해서 유언을 하는 것이다. 따라서 유언의 형식상 하자로 인해 무효가 될 가능성은 거의 없다. 또한 원본은 공증사무소에서 20년 동안 보관하기 때문에 분식, 은닉이나 위조의 우려가 없다. 물론 비용이 든다는 단점이 있으나 그것이 부담스러울 정도는 아니다.

보통 증여나 상속컨설팅 업무를 수행할 때면 변호사와 함께 일하는 경우가 대부분이다. 그만큼 증여나 상속컨설팅은 주변 법률에 대한 전문적 지식을 필요로 한다. 따라서 내가 세금에 대해 업무를 맡으면 유언 및 법률적인 검토는 변호사가 담당한다. 즉 예상되는 세액을 고려해 어떻게 상속하는 것이 좋을지 경제적인 관점에서 계획을 세우면 변호사는 법률적인 문제점을 검토한 뒤, 이를 유언장에 글로 남긴다.

어떤 사람들은 한 번 유언장을 작성하면 수정하지 못하는 줄 알지만 언제든지 고칠 수 있다. 따라서 어떤 방안을 선택한 뒤 상황이 바뀌어 증여나 상속계획을 수정할 필요가 생기면 유언장도 이에 맞춰 고칠 수 있다.

나가며

　며칠 전에 서초동에 있는 부동산을 상속받은 의뢰인이 찾아왔다. 그 땅은 그린벨트로 묶여 있는 땅이었기 때문에 거래가 어려웠지만 그래도 강남이라 공시지가는 상당히 높았다. 그래서 상속세가 상당한 수준으로 나왔는데 문제는 의뢰인이 상속세를 낼 만한 재산이 없었다는 것이다.

　의뢰인은 상속세 물납에 대해 조언을 구했고 나는 도움을 주었다. 하지만 이 납세자는 상속을 포기했다. 다른 상속인들과 협의되지 않았기 때문이다.

　의뢰인의 다른 상속인들 중에는 조카들이 있었는데 의뢰인의 형제가 사망하여 자녀들이 대습상속을 하게 된 것이다. 그런데 조카들은 외국으로 이민을 간 상태여서 상속세를 내지 않는다면 국세청에서 알아서 처분할 것이고, 그렇게 되면 자신들은 상속재산을 현금으로 받을 수 있기 때문에 의뢰인의 제안대로 물납을 할 이유가 없었다.

　조카들 입장에서는 의뢰인이 상속을 포기하지 않는다면 연대납세의무로 의뢰인이 일단 모든 상속세를 납부해야 할 것이고, 의뢰인이 추후 구상권을 행사한다해도 그것은 자신들이 상속받는 부동산에 대해 내야했던 상속세에 불과했다. 게다가 부동산 거래는 절차가 간단하지도 않고, 일정 지분을 떼어주는 것에 불과한 것이기 때문에 물납에 동의할 이유가 없었다.

반면에 만약 의뢰인이 상속을 포기한다면 자신들의 상속지분이 훨씬 커진다. 게다가 상속세를 납부하지 않는다면 국세청에서 알아서 부동산을 공매로 처분하여 현금화한 뒤, 세금을 제한 나머지를 자신들에게 돌려주기 때문에 외국에서 거주하는 입장에서는 의뢰인의 물납 제안에 동의할 이유가 없었다.

나는 이런 사례를 접하면서 상속에 대한 분쟁, 세금에 대한 절세고민, 현행 제도의 문제점과 개선 방안은 무엇이 있을지 생각해 보았다. 증여세나 상속세는 개인 입장에서 보면 상당히 가혹할 수 있다. 특히 현금성자산이 아닌 다른 재산이 많은 경우에는 그것을 처분하여 세금을 납부하거나 위 사례처럼 아예 상속을 포기해야 하는 경우도 있다.

그래서 누구나 다른 어떤 세금보다 증여세나 상속세에 예민하고, 어떻게든 줄이고 싶어한다. 그런데 세금을 줄이고자 노력이 과연 나쁜 것인가? 당연히 그렇지 않다. 다만 법 테두리 안에서 세금을 줄여야 한다.

많은 의뢰인을 만나보면 그 성향도 참 다양하다. 누구는 법을 벗어나는 방법을 동원해서라도 세금을 줄이길 원하고 누구는 너무 소심해서 어떤 의사결정도 내리지 못한다.

도대체 왜 이렇게 세금 하나 내는 것이 복잡할까? 그들이 이 책에 나온 내용을 전부 이해하지 못해서는 아닐 것이다. 그것은 바로 현재의 증여나 상속에 대한 법이 명확하지 않기 때문이다.

증여세와 상속세는 불법적인 탈세와 합법적인 절세 그리고 그 사이에 있는 조세회피에 대한 문제가 분명히 정리되지 않았다. 그래서 어떤 행위가 탈세인지 절세인지 구분조차 쉽지 않다.

따라서 법 테두리 안에서 사회에 유익을 주는 증여나 상속이 이루어질 수 있도록 가업상속과 같은 제도는 더 확대하고, 사후관리 요건은 완화하는 것이 바람직하다. 그리고 완화한 법을 벗어난 변칙적인 증여나 상속에 대해서는 법을 보다 촘촘하게 규정해 엄격하게 적용하는 것이 중요하다.

현행 상속세 및 증여세법이 포괄주의 개념을 도입했어도 실제로 모든 변칙적인 방법에 대해 과세할 수 있는 것은 아니다. 왜냐하면 사실상 현행 상속세 및 증여세법은 과거의 열거주의 틀에서 완전히 벗어나지 못했기 때문이다. 따라서 포괄주의 개념에 지나치게 기대기 보다는 개별 규정 하나하나에 많은 관심을 갖고 들여다 보아야 한다.

법이 탈세를 조장하는 것이 아니라 납세자가 세법 안에서도 충분히 증여나 상속을 할 수 있게끔 절세를 위한 안내자 역할을 하는 것이 앞으로 상속세 및 증여세법이 나가야 하는 방향이 아닐까.

보론

    여기서 설명하려는 내용은 굉장히 구체적이고 어렵기 때문에 이해가 다소 어려울 수 있다. 그럼에도 이와 같은 내용을 담은 이유는 최근에 전문가 수준에 이를 정도로 상속이나 증여에 대한 지식을 갖춘 사람들이 늘어나고 있기 때문이다. 따라서 이를 통해 구체적인 내용을 이해할 수 있다면 보다 면밀하고 위험을 최소화 할 수 있는 판단을 할 수 있을 것이다. 어쩌면 나조차 생각하지 못한 솔루션을 알아낼 수 있다. 대부분의 의사결정은 현재의 정보보다 미래에 대한 예측정보가 더 중요할 수 있기 때문이다.

〈비상장주식가치평가에 관한 설명〉

    현행 상속세 및 증여세법(이하 "상증세법")에서는 원칙적으로 재산의 가액을 평가할 때 평가기준일 현재의 '시가'에 따라 평가한다. 이때 '시가'란, 불특정 다수인 사이에 자유롭게 거래가 이루어지는 경우에 통상적으로 성립된다고 인정되는 가액을 말한다. 그런데 비상장주식의 경우에는 불특정사이에서 거래가 이루어지는 경우가 거의 없거나 드물기 때문에 통상적인 '시가'를 적용하기가 상당히 곤란하다. 따라서 상속세 및 증여세법에서는 비상장주식과 같이 불특정 다수의 거래가액을 적용할 수 없는 경우 일정한 방법에 따라 비상장주식의 가액을 평가할 수 있도록 별도의 규정을 두어 어떻게 비상장주식의 가치를 평가하는지 구체적으로 정하고 있다.

1. 1주당 주식가치 평가방법

비상장주식의 1주당 가치는 1주당 순손익가치와 1주당 순자산가치를 3:2로 가중평균하여 산출하고, 회사의 자산총액 중 토지, 건물 및 부동산을 취득할 수 있는 권리의 합계액이 차지하는 비율이 50% 이상인 회사는 2:3으로 가중 평균하여 산출한다. 다만 그 가중평균한 가액이 1주당 순자산가치의 80%보다 낮은 경우에는 1주당 순자산가치의 80%를 곱한 금액으로 한다(2018.3.31.까지는 순자산가치의 70%를 곱한 금액으로 한다). 그리고 회사의 자산총액 중 토지, 건물 및 부동산을 취득할 수 있는 권리의 합계액이 80% 이상인 회사는 순자산가치로만 평가한다.

한편, 최대주주 및 그와 특수관계에 있는 자가 보유한 주식에 대해서는 기본적으로 보유 지분율에 따라 20% 또는 30% 할증해야 하며, 중소기업인 경우에는 10% 또는 15% 할증한다. 다만, 중소기업의 최대주주 및 그와 특수관계에 있는 주주의 주식을 상속하

거나 증여하는 경우에는 2017년 12월 31일까지는 할증평가를 적용
하지 않는다. 이를 산식으로 표현하면 다음과 같다.

• 일반법인 주식의 경우

$$1주당\ 평가액 = \frac{(A \div B) \times 2 + (C \div D) \times 3}{5} \times (1 + E)$$

• 부동산 과다법인 주식의 경우

$$1주당\ 평가액 = \frac{(A \div B) \times 3 + (C \div D) \times 2}{5} \times (1 + E)$$

A : 순자산가액(자산평가액 – 부채가액)

B : 총발행주식수

C : 1주당 순손익액(최근3년간)의 가중평균액

D 순손익가치환원율(10%)

E: 최대주주(특수관계자 포함) 할증

– 지분율 50% 이하: 20%(중소기업의 경우 10%) 할증 / – 지분율 50% 초과: 30%(
중소기업의 경우 15%) 할증

2. 순자산가치 평가 – 시가평가 우선원칙

상증세법상 비상장주식 평가시 순자산가액은 평가기준일 현재

상증세법을 적용하여 평가한 자산가액에서 부채를 차감한 가액으로 한다.

즉 주식평가시 자산 및 부채는 원칙적으로 평가기준일 현재의 시가 또는 시가로 인정되는 것에 의해 평가해야 하며, 상증세법상 시가로 인정되는 것이라 함은 평가기준일 전후 6월(증여재산의 경우에는 3월) 이내의 기간 중 매매사례가액, 감정가액, 수용 · 경매 · 공매가격 등을 포함한다.

상기 규정에 따른 평가대상 자산의 시가 또는 시가로 인정되는 가액이 별도로 확인되지 아니하여 시가를 산정하기 어려운 경우에는 아래에 열거된 바와 같이 '보충적 평가방법'으로 평가한다.

3. 순자산가치 평가 - 보충적 평가방법

가. 보충적 평가방법 개요

상증세법상 주식평가를 위한 순자산가액 계산시 적용하는 각 자산별 보충적 평가방법은 아래 나.와 같으며, 이 경우 다음과 같이 장부가액과 비교하여 최종적으로 평가하게 된다.

(1) 상증세법 제61조 내지 제65조를 적용한 평가액

부동산 등, 선박 등 그 밖의 유형재산의 평가, 유가증권 등, 무체재산권, 그 밖의 조건부 권리등의 평가에 대한 개별적인 평가규정

(2) 재무상태표상 장부가액(감가상각비 차감 후)

다만, 취득가액에서 차감하는 감가상각비는 법인이 납세지 관할세무서장에게 신고한 상각방법에 의해 계산한 감가상각비 상당액을 의미하며, 감가상각자산의 내용연수는 법인세법 시행령 제28조 제1항 제1호의 규정에 의한 기준내용연수를 적용하는 것임(서면4팀-857, 2005. 5. 31.)

(3) 상증세법상 평가액 = MAX [(1), (2)]

다만, "(1) 〈 (2)"에 해당하는 정당한 사유가 있는 경우에는 "(1)"을 상증세법상 평가액으로 함(예를 들어, 예·적금에 대한 미수이자에 대해서 원천징수세액 상당액을 차감하여 평가하거나 원본의 회수기간이 5년을 초과하는 장기채권·채무를 현재가치로 평가하는 경우에는 동 평가액이 장부가액보다 작더라도 정당한 사유가 있는 것으로 간주됨; 서면4팀-133, 2004. 2. 25.)

나. 자산별 보충적 평가방법

(1) 부동산 등에 대한 평가(상증세법 제61조)

구분	보충적 평가방법
토지	평가기준일 현재 고시된 개별공시지가로 평가함
건물	평가기준일 현재 국세청장이 정하여 고시한 평가방법에 따라 평가함
오피스텔 및 상업용 건물	국세청장이 정하는 고시가액으로 평가함
구축물	재취득가액(재취득가액을 산정하기 어려운 경우에는 지방세법 시행령 제80조 제1항에 의한 시가표준액)에서 설치일부터 평가기준일까지의 감가상각비 상당액을 차감하여 평가함
임대자산	Max(A, B)으로 평가함 A: 임대보증금+연임대료/12% B: 보충적 평가액(토지: 개별공시지가, 건물: 국세청장이 정하는 기준시가)
회원권	골프회원권: 국세청장이 고시한 기준시가로 평가함 특정시설물이용권(콘도회원권등): 평가기준일 현재 불입금액과 프리미엄의 합계액으로 평가함

(2) 기타유형자산에 대한 평가(상증세법 제62조)

구분	보충적 평가방법
기계장치, 차량운반구, 공기구비품, 선박 등	평가기준일 현재 해당 자산을 다시 취득하는 경우에 소요되는 가액으로 평가하되, 그 가액이 확인되지 아니하는 경우 장부가액(취득가액–감가상각비) 및 지방세법상 시가표준액을 순차적으로 적용함 다만, 취득가액에서 차감하는 감가상각비는 법인이 납세지 관할 세무서장에게 신고한 상각방법에 의하여 계산한 취득일부터 평가기준일까지의 감가상각비 상당액을 말하는 것으로서, 감가상각자산의 내용연수는 법인세법 시행령 제28조 제1항 제2호의 규정에 의한 기준내용연수를 적용하는 것임

(3) 유가증권에 대한 평가(상증세법 제63조)

구분	보충적 평가방법
주권상장법인, 코스닥시장 상장법인주식	평가기준일 전·후 각2월간 공표된 매일의 한국거래소 최종 시세가액(기준가격)의 평균액으로 평가함. 단, 최대주주등 해당 시에는 할증평가함
비상장주식	비상장주식 평가방법에 의하여 평가하되, 10% 이하 보유시는 취득가액으로 평가함. 단, 최대주주 등 해당 시에는 할증평가함

(4) 기타자산에 대한 평가(상증세법 제63조)

구분	보충적 평가방법
예·적금	불입액과 평가기준일까지 발생된 미수이자를 합산한 금액에서 원천징수세액 상당액을 차감하여 평가함
매출채권, 대여금 등	원본가액에 평가기준일까지의 미수이자 상당액을 가산하여 평가함(회수불가능 금액은 차감)
장기채권·채무	원본의 회수기간이 5년을 초과하거나 회사정리절차 등으로 채권의 내용이 변경된 경우 각 연도에 회수·상환할 금액(원본에 이자상당액을 가산한 금액)을 국세청장이 정하여 고시하는 이자율(연6.5%)에 의하여 현재가치로 할인한 금액으로 평가함

(5) 무체재산권 등의 평가(상증세법 제64조)

구분	보충적 평가방법
영업권	MAX[가, 나] 가: [최근3년간 순손익의 가중평균액 × 50% − 자기자본 × 10%] × 3.7908 나: 매입가액에서 매입한 날로부터 평가기준일까지의 감가상각비 상당액을 차감한 가액

(6) 저당권 등이 설정된 자산의 평가(상증세법 제66조)

구분	보충적 평가방법
담보제공된 자산	평가기준일 현재 당해 재산이 담보하는 채권잔액과 상증세법상 보충적 평가액(담보제공된 토지·건물)중 큰 금액으로 평가함.

4. 순자산가치 평가 - 가감조정사항

가. 순자산가액에 가산할 사항

(1) 가산평가차액
(2) 법인세법상 유보금액

- 상증세법상 자산평가와 관련된 유보금액은 제외
- 순자산가액 평가시 부채에서 차감되는 충당금에 대한 유보금액
  은 제외

(3) 영업권 평가액

나. 순자산가액에서 차감할 사항

(1) 법인세법상 무형고정자산 중 개발비
(2) 선급비용(평가기준일까지 확정된 비용)
(3) 이연법인세자산

다. 순자산가액 계산시 부채에 포함되는 항목

(1) 부채 평가차액
(2) 평가기준일까지 발생한 소득에 대한 미납된 법인세, 지방소득세
  및 농어촌특별세

(3) 평가기준일 현재 모든 임직원이 퇴직할 경우 퇴직급여로 지급하여
야 할 금액의 추계액(100%)

라. 순자산가액 계산시 부채에서 제외되는 사항

(1) 제충당금(대손충당금, 퇴직급여충당금, 단체퇴직급여충당금)과 조
세특례제한법 및 기타 법률에 의한 제준비금
(2) 평가기준일 현재 미확정비용
(3) 이연법인세부채

5. 순손익가치 평가

1주당 순손익액(최근 3년간)의 가중평균액은 평가기준일이 속하
는 사업연도의 최근 3년간의 1주당 순손익액을 각각 1/6, 2/6, 3/6
으로 가중평균하여 산정한다. 여기서 각 사업연도의 1주당 순손익
액은 법인세법상 각 사업연도소득에 국세 및 지방세의 과오납금에
대한 환부이자, 수입배당금 익금불산입액을 가산하고 접대비 한
도초과, 비지정지부금, 기부금 한도초과액, 지급이자 손금불산입
액, 손금불산입된 세금과공과(과태료 등), 비업무용 토지에 대한
취득세 중과분 및 법인세 등을 차감한 후 각 사업연도말 현재 발행
주식총수로 나눈 금액이다.

다만, 평가기준일이 속하는 사업연도 전 3년 이내에 유상증자나

유상감자한 사실이 있는 경우에는 유상증자 또는 유상감자를 한 사업연도와 그 이전 사업연도의 순손익액은 다음의 가.의 금액을 더하고 나.의 금액을 뺀 금액으로 하며, 이 경우 유상증자 또는 유상감자를 한 사업연도의 순손익액은 사업연도 개시일부터 유상증자 또는 유상감자를 한 날까지의 기간에 대하여 월할로 계산한다. 또한 각 사업연도 종료일 현재의 발행주식총수는 환산하여 계산하여야 하며, 1주당 순손익액(최근 3년간)의 가중평균액이 "0" 이하인 경우에는 "0"으로 평가한다.

가. 유상증자한 주식 1주당 납입금액 × 유상증자에 의하여 증가한 주식수 × 10%

나. 유상감자시 지급한 1주당 금액 × 유상감자에 의하여 감소된 주식수 × 10%

6. 최대주주 할증율 적용

주주1인과 특수관계자의 보유주식을 합하여 그 보유주식 등의 합계가 가장 많은 최대주주가 보유한 주식을 상증세법 제63조에 의하여 평가하는 경우, 당해 최대주주가 보유한 주식은 보유지분 및 주식발행회사의 규모에 따라 다음과 같은 할증율을 적용하여 평가해야 한다.

가. 지분율 50% 이하: 20% 할증(중소기업기본법상 중소기업: 10%)

나. 지분율 50% 초과: 30% 할증(중소기업기본법상 중소기업: 15%)

　다만, 평가기준일이 속하는 사업연도 전 3년 이내의 사업연도부터 계속하여 평가대상회사에 법인세법 제14조 제2항에 의한 결손금이 있거나 증자시 증여이익을 계산하는 경우 등에는 상증세법 시행령 제53조 제5항에 의해 최대주주 할증규정이 적용되지 아니하며, 2017년 12월 31일까지 양도하는 주식에 대해서는 할증평가를 적용하지 아니한다(조세특례제한법 제101조 및 소득세법 기본통칙 101-167-5).

<가업상속공제에 관한 설명>

　가업상속공제제도는 피상속인이 살아있는 동안에 영위한 사업에 대하여 일정한 요건을 갖춘 경우 그 가업을 상속받는 상속인이 일정 한도 내에서 가업상속에 해당하는 재산가액을 공제받도록 함으로써 원활한 가업승계를 지원하기 위해 제정되었다.

　가업을 상속하는 때 가업상속 재산가액에 상당하는 금액을 상속세 과세가액에서 공제하며, 이때 공제한도금액은 피상속인의 가업 계속 영위기간에 따라 10년 이상 15년 미만인 경우 200억, 15년 이상 20년 미만인 경우 300억, 20년 이상인 경우 500억으로 한다. 즉, 20년 이상 가업을 계속 영위한 경우에는 최대 500억의 상속재산에 대해 전혀 세금을 내지 않을 수 있다는 것이다.

1. 가업의 범위

　가업상속공제에서 '가업'이란 대통령령으로 정하는 중소기업 또는 규모의 확대 등으로 중소기업에 해당하지 아니하게 된 기업(상속이 개시되는 사업연도의 직전 사업연도의 매출액이 3천억 이상인 기업 및 상호출자제한기업집단 내 기업은 제외한다)으로서 피상속인이 10년 이상 계속하여 경영한 기업을 말한다.

2. 가업상속공제의 적용 요건 요약

상증세법 제18조에 따른 요건을 요약하면 다음과 같다.

구분		가업상속공제의 적용 요건 요약
기업	업종요건	조세특례제한법상 중소기업 업종에 해당할 것
	규모요건	조세특례제한법상 중소기업 규모 이내일 것 (단, 매출액 3,000억 미만까지 가능)
	경영요건	피상속인이 10년 이상 계속하여 경영한 기업일 것
피상속인	지분요건	최대주주로서 50% 이상(특수관계자 지분 포함) 지분을 보유할 것
	대표이사 재직요건	① 피상속인이 가업의 영위기간 중 50% 이상을 대표이사로 재직할 것 ② 10년 이상의 기간(상속인이 피상속인의 대표이사 등의 직을 승계하여 승계한 날부터 상속개시일까지 계속 재직한 경우로 한정)을 대표이사로 재직할 것 ③ 상속개시전 10년 중 5년 이상의 기간을 대표이사로 재직할 것
상속인	연령요건	상속인이 상속개시일 현재 18세 이상일 것
	입사요건	상속개시일 2년 전부터 계속하여 직접 가업에 종사할 것
	전부상속요건	상속인 1명이 해당 가업의 전부를 상속받을 것
	대표이사 취임요건	상속세과세표준 신고기한까지 임원으로 취임하고 상속세 신고기한으로부터 2년 이내에 대표이사로 취임할 것

3. 가업상속 재산가액의 범위

가업상속공제를 적용함에 있어 가업상속 재산가액이란 다음의 구분에 따라 상기의 요건을 모두 갖춘 상속인이 받거나 받을 상속재산의 가액을 말한다.

구분	요건
개인	가업에 직접 사용되는 토지, 건축물 및 기계장치 등 사업용자산
법인	가업에 해당하는 법인의 주식 등의 가액 $\times \dfrac{\text{법인의 총자산가액}^{*} \cdot \text{사업무관자산}^{**}}{\text{법인의 총자산가액}^{*}}$ * 법인의 총자산가액 상속개시일 현재를 기준으로 법 제4장에 따라 평가한 가액을 말함 ** 사업무관자산 상속개시일 현재 다음 중 어느 하나에 해당하는 자산으로서 현재를 기준으로 법 제4장에 따라 평가한 가액을 말함 1 법인세법 제55조의 2에 해당하는 토지 등 2 법인세법 시행령 제49조에 해당하는 업무무관재산 및 타인에게 임대하고 있는 부동산(지상 권 및 부동산임차권 등 부동사에 관한 권리를 포함함) 3 법인세법 시행령 제61조 제1항 제2호의 금전소비대차계약 등의 의하여 타인에게 대여한 금액 4 과다보유현금(상속개시일 직전 5개 사업연도 밀 평균 현금(요구불예금 및 취득일부터 만기가 3개월 이내인 금융상품을 포함함)보유액의 150%를 초과하는 것을 말함 5 법인의 영업활동과 직접 관련이 없이 보유하고 있는 주식, 채권 및 금융상품(4에 해당하는 것은 제외)

4. 가업상속공제의 신청

가업상속공제를 받으려는 자는 가업상속재산명세서 및 해당 상속이 가업상속에 해당됨을 증명할 수 있는 다음의 서류를 상속세 과세표준 신고와 함께 납세지 관할 세무서장에게 제출하여야 한다(시행령 제15조 제14항 및 시행규칙 제6조의2).

가. 시행령 제15조 제3항 제1호 가목에 따른 최대주주 등에 해당하는 자임을 입증하는 서류

나. 기타 상속인이 당해 가업에 직접 종사한 사실을 입증할 수 있는 서류

5. 가업상속공제의 사후관리

가업상속공제를 적용 받고 나면 가업상속공제 사후관리요건을 위배하지 않았는지 여부에 대해 매년 관리를 받게 된다.

납세지 관할 세무서장은 가업상속공제의 적정 여부와 법 제18조 제5항 제1호 각 목에 의한 사후관리 사항의 해당 여부를 매년 관리하고 위반사항 발생시 원래 공제한 금액을 상속개시 당시의 상속세 과세가액에 산입하여 상속세를 부과하여야 한다. 즉, 가업상속공제를 적용받은 상속인이 상속개시일(아래 ④의 경우에는 상속이 개시된 사업연도의 말일)부터 10년 이내에 정당한 사유없이 다음의 어느 하나에 해당하게 되는 경우에는 가업상속공제를 받은 금액에 해당일까지의 기간을 고려한 기간별추징율을 곱하여 계산한 금액

을 상속개시 당시의 상속세 과세가액에 산입하여 상속세를 부과한
다(시행령 제15조 제7항 내지 제12항, 제14항).

추징사유	비고
① 해당 가업용자산의 20%(상속개시일부터 5년 이내에는 10%) 이상을 처분한 경우	"가업용자산"이란 다음에 해당하는 자산을 말한다. - 소득세법을 적용받는 가업: 가업에 직접 사용되는 토지, 건축물, 기계장치 등 사업용 자산 - 법인세법을 적용받는 가업: 가업에 해당하는 법인의 사업에 직접 사용되는 사업용 고정자산(사업무관자산은 제외함) 가업용자산의 처분비율은 상속개시일 현재 가업용자산가액에서 가업용자산 중 처분(사업에 사용하지 아니하고 임대하는 경우를 포함)한 자산의 상속개시일 현재의 가액이 차지하는 비율로 계산한다.
② 해당 상속인이 가업에 종사하지 아니하게 된 경우	해당 상속인이 가업에 종사하지 아니하게 된 경우에는 다음의 어느 하나에 해당하는 경우를 포함한다. - 상속인이 대표이사 등으로 종사하지 아니하는 경우 - 가업의 주된 업종을 변경하는 경우(통계법 제22조에 따라 통계청장이 작성·고시하는 표준분류에 따라 소분류 내에서 업종을 변경하는 경우로서 상속개시일 현재 영위하고 있는 업종의 매출액이 사업연도 종료일을 기준으로 30% 이상인 경우는 제외함) - 해당 가업을 1년 이상 휴업(실적이 없는 경우 포함)하거나 폐업하는 경우

추징사유	비고
③ 주식 등을 상속받은 상속인의 지분이 감소한 경우	"상속인의 지분이 감소한 경우"란 다음의 어느 하나에 해당하는 경우를 포함한다. – 상속인이 상속받은 주식 등을 처분하는 경우 – 해당 법인이 유상증자할 때 상속인의 실권 등으로 지분율이 감소한 경우 – 상속인의 특수관계인이 주식 등을 처분하거나 유상증자할 때 실권 등으로 상속인이 최대주주 등에 해당되지 아니하게 되는 경우
④ 각 사업연도의 정규직 근로자 수의 평균이 상속이 개시된 사업연도의 직전 2개 사업연도의 정규직근로자 수의 평균의 80%에 미달하는 경우	– "정규직 근로자"란 통계법 제17조에 따라 통계청장이 지정하여 고시하는 경제활동인구조사의 정규직 근로자를 말한다. – 정규직 근로자 수의 평균은 각 사업연도의 매월 말일 현재의 정규직 근로자 수를 합하여 해당 사업연도의 월수로 나누어 계산한다.
⑤ 상속이 개시된 사업연도 말부터 10년간 정규직 근로자 수의 전체 평균이 기준 고용인원의 100%에 미달하는 경우	– 규모의 확대 등으로 중소기업에 해당하지 아니하게 된 기업의 경우에는 120%를 기준으로 판단한다.

가업상속공제는 최대 500억의 가업상속재산에 대해 공제가 가능하므로 상당히 파격적인 상속공제제도임에는 틀림이 없다. 하지만 가업상속공제는 피상속인이 사망한 뒤 상속인이 상속공제를 적용받는 것이기 때문에 피상속인이 생전에 상속인에게 재산을 미리 물려줄 수 없다는 단점이 있다. 이와 같은 문제를 해소하는 제도가 바로 증여세과세특례제도다.

증여세과세특례는 가업을 10년 이상 계속하여 경영한 60세 이상의 부모가 18세 이상의 자녀에게 가업승계의 목적으로 주식을 증여하는 경우, 그 주식의 가액 중 가업자산상당액에 대한 증여세 과세가액에서 5억을 공제하여 10%(과세표준이 30억을 초과하는 경우 그 초과금액에 대해서는 20%)의 세율로 증여세를 과세한 후 상속시에 정산하는 과세제도로서, 중소기업 경영자가 생전에 자녀에게 가업을 상속하여 중소기업의 영속성을 유지하고 경제활력 증진을 도모하고자 2007년 12월 31일 법 개정시 도입되었다.

1. 증여세과세특례의 적용 요건 요약

증여세과세특례는 아래의 요건을 모두 갖추어야만 적용이 가능하다. 다만, 가업을 승계 받은 후 가업의 승계 당시 해당 주식 등의 증여자 및 상증세법 제22조 제2항에 따른 최대주주에 해당하는 자(가업승계 당시 해당 주식을 증여 받은 자는 제외)로부터 증여 받은 경우에는 제외한다.

구분	증여세과세특례의 적용 요건 요약
기업	조세특례제한법상 중소기업 업종에 해당할 것
	증여자(배우자를 포함)가 10년 이상 계속하여 경영한 중소기업일 것
증여자	최대주주로서 50% 이상(특수관계자 지분 포함) 지분을 보유할 것
	증여자가 60세 이상인 부모일 것
수증자	수증자가 증여일 현재 18세 이상인 자녀일 것
	수증자가 증여세 신고기한(증여일의 말일부터 3월)까지 가업에 종사하고, 증여일로부터 5년 이내에 대표이사에 취임할 것

2. 증여세과세특례의 주요 내용 요약

증여세과세특례 대상 주식에 대해서는 상증세법 제53조(증여재산공제) 및 제56조(증여세율)의 규정에도 불구하고 그 주식의 가액 중 기업자산상당액에 대한 증여세과세가액(100억을 한도로 함)에서 5억을 공제하고 10%(과세표준이 30억을 초과하는 경우 그 초과금액에 대해서는 20%)의 세율을 적용하여 증여세를 부과한다.

※ [참고 - 증여세과세특례 VS 일반증여]

구분	증여세과세특례		일반증여
증여세율	0~5억	0%	10% ~ 50% 5단계 누진세율 적용
	5억~30억	10%	
	30억~	20%(단, 100억한도)	
증여재산 합산여부	일반증여재산과 합산과세 되지 않음		증여일 전 10년 이내 일반증여재산이 있을 경우 합산과세됨
상속재산 합산여부	• 기간에 관계없이 상속재산에 합산함 • 상속세 합산시 평가액은 증여당시의 평가액으로 산정함 • 합산분은 가업상속재산에 해당하여 가업상속공제 적용됨		사전증여 후 10년 이후 상속이 개시될 경우 상속재산 합산이 배제됨

3. 증여세과세특례의 사후관리

주식을 증여 받은 수증자가 가업을 승계(수증자가 증여세 과세표준 신고기한까지 가업에 종사하고 증여일로부터 5년 이내에 대표이사에 취임)하지 아니하거나 해당 주식 등을 증여 받고 가업을 승계한 수증자가 증여일로부터 7년 이내에 시행령 제27조의6 제3항 및 시행규칙 제14조의 4에 따른 정당한 사유 없이 다음의 어느 하나에 해당하게 된 경우에는 해당 주식 등의 가액에 대하여 상증세법에 따라 증여세를 부과한다.

[증여세과세특례 사후관리 요건 요약]

1. 가업을 승계하지 아니한 경우

   증여세 과세표준 신고기한까지 가업에 종사하지 아니하거나,
   증여일 부터 5년 이내에 대표이사에 취임하지 아니하는 경우

2. 가업에 종사하지 아니하거나 수증자의 지분이 감소되는 경우

   가. 가업에 종사하지 아니하거나 해당 가업을 휴업 또는 폐업
   하는 경우
   ①수증자가 주식 등의 증여일 부터 5년 이내에 대표이사로
   취임하지 아니하거나 7년까지 대표이사직을 유지하지 않
   는 경우
   ②조세특례제한법상에 따른 가업의 주된 업종을 변경하거
   나 1년 이상 휴업 하거나 폐업하는 경우

   나. 주식 등을 증여 받은 수증자의 지분이 감소되는 경우
   ①수증자가 증여 받은 주식 등을 처분하는 경우
   (다만, 합병·분할 등 조직변경에 따른 처분으로서 수증자가
   상증법 15조 3항에 따른 최대주주등에 해당하는 경우, 상장규
   정의 상장요건을 갖추기 위하여 지분을 감소시킨 경우는 그
   러하지 아니함)

②증여 받은 주식 등을 발행한 법인이 유상증자 등을 하는 과정에서 실권주등으로 수증자의 지분율이 낮아지는 경우(다만, 해당 법인의 시설투자·사업규모의 확장 등에 따른 유상증자로서 수증자와 특수관계에 있는 자 외의 자에게 신주를 배정하기 위하여 실권하는 경우로서 수증자가 최대주주 등에 해당하는 경우는 그러하지 아니함)

③수증자와 특수관계에 있는 자의 주식처분 또는 유상증자시 실권등으로 지분율이 낮아져 수증자가 최대주주 등에 해당되지 아니하는 경우

용어 해설

경제적 실질 제3자를 통한 간접적인 방법이나 둘 이상의 행위 또는 거래를 거치는 방법이다. 세법의 혜택을 부당하게 받기 위한 것으로 인정되는 경우에는 그 경제적 실질의 내용에 따라, 당사자가 직접 거래를 한 것으로 보거나 연속된 하나의 행위 또는 거래를 한 것으로 볼 수 있다는 개념이다.

공정한 가액 불특정 다수 사이에서 자유롭게 거래가 이루어지는 경우에 통상적으로 성립된다고 인정되는 가액. '시가'와 같은 의미다.

과세요건 세금을 부과하기 위해 반드시 갖춰줘야 하는 요건으로 납세의무자, 과세대상, 과세표준, 세율을 말한다.

구상권 타인을 대신해 채무를 변제한 사람이 그것에 대해 갖는 상환청구권.

금전소비대차거래 금전을 빌려 사용하고 나중에 다른 돈으로 갚는 경우를 말한다.

명의신탁 실제로는 A의 주식이지만 B의 명의로 하는 경우를 말한다.

명의신탁주식 실제로는 A의 주식이지만 B의 명의로 한 주식을 말한다.

배당세액공제 배당금은 법인단계에서 법인이 얻은 소득에 대해 법인세가 부과된 뒤, 주주가 배당금을 받으면서 배당금에 대한 소득세가 한번 더 과세되는 '이중과세' 문제가 있다. 따라서 우리나라 세법에서는 이와 같은 '이중과세'를 조정하기 위해 배당세액공제라는 제도를 두어 문제를 해결하고 있다.

부담부증여 증여를 받는 사람에게 일정한 급부를 할 의무를 부담하게 하는 증여다. 예를 들어 부모가 자녀에게 일정한 재산을 증여하면서 해당 재산에 대한 채무도 함께 증여하는 경우를 말한다.

상속 피상속인의 사망을 원인으로 하여 피상속인의 모든 권리와 의무가 상속인에게 승계되는 것을 말한다.

상속인 피상속인의 사망 등으로 상속재산을 물려받는 사람. 예를 들어 부모가 사망하여 부모의 재산이 자녀에게 상속되는 경우 자녀는 상속인에 해당한다.

순자산가액 자산에서 부채를 차감한 가액(자산 - 부채 = 순자산가액).

시가 불특정 다수 사이에 자유롭게 거래가 이루어지는 경우, 통상적으로 성립된다고 인정되는 가액을 말한다.

양도 자산을 유상으로 타인에게 사실상 이전하는 것을 말한다.

양수 타인의 권리, 재산 및 법률상의 지위 따위를 넘겨받는 일을 말한다. '취득'과 같은 의미다.

원물반환 유류분 청구의 대상이 되는 해당 상속재산. 예를 들어 당초 상속재산이 부동산이라고 한다면 해당 부동산 자체를 말한다.

유류분권리자 상속인에게 유류분을 청구할 수 있는 다른 상속인.

유상감자 기업에서 자본을 줄일 때 주주에게 보유한 주식가액의 일부를 환급하는 방식으로 보상하는 것을 말한다.

유한회사 사원이 회사에 대하여 출자금액을 한도로 책임을 질 뿐, 회사의 채권자에 대하여 아무 책임도 지지 않는 사원으로 구성된 회사. 참고로 주식회사는 일정 요건을 충족하면 회계감사를 받아야 하지만 유한회사는 회계감사를 받지 않아도 된다. 다만, 현재 유한회사에 대해서도 주식회사와 마찬가지로 일정 요건을 충족하면 회계감사를 받도록 법률 개정이 추진 중에 있다.

유효세율 납세자가 부담하는 실제세율을 말한다. 예를 들어, 법률상 정한 세율은 10%이나 각종 세액공제 등으로 인해 실제로 부담하는 세율이 5%인 경우 유효세율은 5%이다.

이월과세 본래는 지금 당장 납부하여야 하나 실제 납부시기를 일정한 조건을 성취한 때로 미뤄주는 것을 말한다.

자본금액 법인이 처음 설립될 때 납입된 자본금.

증여 상속과 달리 증여는 피상속인이 사망하기 전에 재산적 가치가 있는 것을 타인에게 무상으로 이전하는 것을 말한다.

증여세과세특례제도 피상속인이 사망한 뒤에 혜택을 받을 수 있는 가업상속공제와 달리 피상속인이 살아생전에 자녀에게 증여하면서 받을 수 있는 조세혜택제도(자세한 내용은 보론 참조).

타인기여에 의한 증여 다른 사람의 노력으로 인해 증가되는 재산적 이익을 말한다. 예를 들어, 부모의 노력으로 인해 자녀의 재산이 증가한 경우 타인기여에 의한 증여에 해당할 수 있다.

포괄사업양수도 해당사업과 관련한 모든 자산 및 부채, 권리와 의무를 포괄하여 인수하는 것을 말한다.

포괄주의 열거주의의 반대말로, 법률에서 특별히 제한 또는 금지하는 규정을 제외하고는 모두 과세가 가능하다. 반대로 열거주의는 법률에서 규정한 사항에 대해서만 과세가 가능하다. 즉 포괄주의는 원칙적으로 모든 증여에 대해 과세하되 특별히 예외적으로 제외한 사항에 대해서만 과세하지 않는 것이고, 열거주의는 원칙적으로 모든 증여에 대해 과세를 하지 않되 규정한 증여에 대해서만 과세한다는 것이다.

우리나라 상속세 및 증여세법은 과거에는 열거주의 입장을 취하다가 최근에 이르러 포괄주의 입장으로 바뀌었다.

피상속인 상속의 목적이 되는 재산의 원래의 주체. 예를 들어 부모가 사망하여 부모의 재산이 자녀에게 상속되는 경우 부모는 피상속인에 해당한다.

현금반환 유류분 청구의 대상이 되는 해당 상속재산 대신 현금으로 유류분의 대가를 받는 경우. 예를 들어 당초 상속재산이 부동산이라고 한다면 부동산을 반환 받는 대신 현금으로 반환 받는 경우를 말한다.

현금성자산 현금 또는 예금과 같이 쉽게 현금화가 가능한 자산.

현물출자 주주가 금전 이외의 현물로써 출자하는 경우를 말한다. 예를 들어, 금전이 아닌 부동산, 채권 또는 영업권 등의 현물로 출자하는 경우다. 현물출자는 금전출자의 원칙에 대한 예외다.

최신 사례로 꼼꼼히 설명한

상속 · 증여

펴낸이 유재영
펴낸곳 인벤션
지은이 홍원표
편 집 유정용
디자인 임수미

1판 2쇄 2018년 1월 10일

출판등록 1987년 11월 27일 제10-149
주소 04083 서울 마포구 토정로 53(합정동)
전화 324-6130, 324-6131
팩스 324-6135

E-메일 dhsbook@hanmail.net
홈페이지 www.donghaksa.co.kr
   www.green-home.co.kr
페이스북 facebook.com/inventionbook

ISBN 978-89-7190-586-9 13320

※ 잘못된 책은 바꾸어 드립니다.
※ 인벤션은 출판그룹 (주)동학사의 디비전입니다.